PFLANZEN
IM TOPF

Grünes Garten Wissen

PFLANZEN
IM TOPF

DK

INHALT

Pflanzen in Töpfen bringen Textur und Farbe ins Wohnumfeld, in Innenhöfe, auf Wege und Pflasterflächen. Änderungen sind leicht und man kann kreativ sein, ohne Fehlschläge befürchten zu müssen. Die Effekte können fantastisch sein.

PLANEN, PFLANZEN, PFLEGEN

Mit guter Planung werden Pflanzen im Topfgarten gut gedeihen und toll aussehen, egal ob Sie einen Landhausaspekt mit einer Mischung bunter Blumen anstreben oder ein schlichtes Design mit geradlinigen Strukturen.

UNPROBLEMATISCH GÄRTNERN

Wenn die Lieblingspflanzen im Topf wachsen, fallen viele Probleme des Gärtnerns im gewachsenen Boden weg. Zuerst einmal fängt man mit keimfreier Erde an, dadurch kommen keine Unkräuter auf. Die Pflanzen sollten einigermaßen frei von Krankheiten und Schädlingen wachsen. Sie können die Töpfe mit dem jeweils passenden Substrat befüllen, sodass sie gut gedeihen können. Es spielt keine Rolle, ob die Erde im Garten zu trocken, zu nass, zu schwer oder zu sandig ist, mit der Kultur in Töpfen sorgen Sie für ideale Bedingungen.

WELCHER STIL GEFÄLLT IHNEN?

Der Topfgarten lässt sich an Ihren Lebensstil angleichen, egal ob Sie in der Stadt in einer supermodernen Wohnung mit Balkon leben oder in einem Häuschen auf dem Land, umgeben von Bäumen und Hecken. Ihren Außenraum können Sie mit Farbe und Highlights anreichern, indem Sie Pflanzen verwenden, die im Hochsommer oder gar im tiefsten Winter gedeihen.

Den Anblick zu ändern, ist einfach: Bis auf die allerschwersten Töpfe können Sie die Pflanzen herumschieben, farbige Töpfe dazustellen oder Töpfe mit Verblühtem entfernen.

GÄRTNERN IN JEDEM ALTER

Die Topfkultur ist für junge Leute genauso ideal wie für nicht mehr so junge. Anstrengendes Umgraben fällt weg, es gibt kaum Unkraut zu jäten und die Pflanzen stehen erhöht, sodass man sie leichter versorgen kann. Nahezu jede Pflanze kann im Topf wachsen, niemand muss auf die Lieblingsblumen verzichten. Dafür kommen Duftpflanzen, die oft nah am Boden wachsen, in eine bequeme Schnupperhöhe. Gartenanfänger – junge wie etwas reifere – werden ihre Freude daran haben, Pflanzen für ihren kleinen Garten im Topf auszusuchen, für sie zu sorgen und ihre Entwicklung zu beobachten. Weil Pflanzen im Topf geschützt und bei voller Aufmerksamkeit wachsen, gedeihen sie oft besser als ausgepflanzte im Garten. Wenn sich dann der Erfolg mit ziemlicher Sicherheit einstellt, wird aus dem Anfänger ein Gärtner fürs Leben.

DAS BESONDERE AM GÄRTNERN IN TÖPFEN

Die Kultur in Töpfen ist vielseitig, macht Spaß und ist leicht zu erlernen. Sie schafft große Flexibilität, weil man Pflanzen nebeneinander ziehen kann, die im Garten nicht gut zusammenpassen. Sie können mehrere Pflanzen in einem Topf kombinieren und je nach Jahreszeit oder Laune die Anordnung ändern, sodass es immer spontan wirkt. Gehölze lassen sich über Jahre hinweg in Töpfen halten.

Kosmeen, Mehl-Salbei und Schlangenbart zieren ein Treppengestell.

Mit dem richtigen Substrat gelingt die Kultur heikler Pflanzen besser.

ANGEPASSTE ERDE

In Töpfen können Sie Pflanzen mit anderen Ansprüchen kultivieren als im Hausgarten. Zum Beispiel benötigen Kamelien, Rhododendren und *Pieris* kalkfreie Erde, während Sträucher und Bäume am besten in lehmigen Substraten wachsen. Einige alpine Pflanzen verlangen einen ausgezeichneten Wasserabzug, was man in flachen Trögen oder Töpfen leicht sicherstellen kann, indem man mineralisches Substrat mit etwas Splitt verwendet. Feuchtigkeit liebende Farne wachsen hervorragend in Töpfen in schattigen Innenhöfen. Sie bekommen als Substrat normale Blumenerde mit einem Anteil an Ton.

EMPFINDLICHE PFLANZEN

Ideal für die Topfkultur sind Pflanzen, die keinen strengen Frost oder die Kombination von kalt und nass vertragen, denn so kann man sie im Winter nach drinnen bringen. Viele der empfindlichen Pflanzen sind besonders interessant und farbenfroh, wie etwa Begonien, Fuchsien, Geranien oder Dahlien. Man kann die überall erhältlichen Pflanzen wie Einjährige behandeln und sich einen Sommer lang daran erfreuen – oder sie überwintern. Frostempfindliche Pflanzen, die ihre Blätter abwerfen, können in einer Garage lagern, sofern man sie feucht hält. Immergrüne überstehen den Winter in einem ungeheizten Gewächshaus oder sogar in einer geschützten Nische. *Canna*, Bananen oder *Aeonium* geben selbst einer durchschnittlichen Anordnung einen tropischen Anstrich. Manche Zimmerpflanzen wie Sukkulenten gedeihen im Sommer im Freien ausgezeichnet und verleihen Exklusivität.

Fuchsien überwintern sicher in einem Kleingewächshaus.

Die Zierbanane mit rot überhauchten Blättern bringt Spannung in den Hof.

GESTALTEN

Pflanzen und Pflanzgefäße gibt es in einer großen Vielfalt an Größen, Formen, Texturen und Farben. Das Gärtnern im Topf lebt im Kern vom erfolgreichen Zusammenspiel dieser Elemente. Dadurch wird ein schlichter Freiraum zum Hingucker. Mit einer geschickten Themenwahl setzen Sie Pflanzen und Töpfe gekonnt in Szene. Hohe Töpfe bringen niedrige Pflanzen mit bogenförmigem Wuchs wie Gräser zur Geltung, während runde Töpfe großblättrige Gewächse wie Funkien betonen. Hölzerne Gefäße passen zu schattenliebenden Ahornen, Lavendelheide und Rhododendren. Gefäße aus Metall unterstreichen silbrige Sukkulenten.

Gefäße bringen Farbe in den Außenraum, wenn sie Pflanzenfarben ergänzen oder im Kontrast dazu stehen. Schwarze Töpfe zum Beispiel heben blaue und weiße Blüten hervor, blaue Töpfe kontrastieren mit gelben Blüten. Die Gefäße wirken sich auf die Gesamtstimmung aus. Tontöpfe setzen mit der Zeit eine Patina an, während Töpfe mit glasierter Oberfläche immer frisch und sauber daherkommen.

Rustikal wirken Flechtwerk und Tontöpfe in verschiedenen Abmessungen.

GÄRTNERN OHNE GARTEN

Töpfe ermöglichen es, einen Garten ohne Zugang zum offenen Boden anzulegen. Töpfe lassen sich auf Fensterbänken, auf dem Balkon, auf niedrigen Mauern und im Innenhof arrangieren. Ein einfacher Topf mit Blumen oder mit einem Buchs belebt einen öden Innenhof und wertet ihn auf. Setzen Sie kleine Blumentöpfe als Blickpunkte an die Treppenränder. Unterbrechen Sie Zäune und Mauern mit hohen Pflanzen in Töpfen oder bringen Sie Hängekörbe an, um eine langweilige Umgebung mit Farbe zu bereichern.

Kunstvoll arrangiert sorgen Topfpflanzen für ein Gefühl von Abgeschlossenheit.

EIN ARRANGEMENT PLANEN

Die Pflanzen im Topfgarten können Sie nach Lust und Laune arrangieren: Sie können sie nach dem Aussehen, nach gleichen Wuchsformen oder nach ihren Ansprüchen kombinieren oder Sie können sehr unterschiedliche Formen und Farben für einen bestmöglichen Effekt zusammenstellen. Sie können aktuell blühende Gewächse hinzufügen und die Töpfe an verschiedenen Stellen aufstellen.

Eine reduzierte Farbpalette macht sich gut, wie bei dieser Mischung aus Dahlien, Goldmarie und Tagetes.

Funkien eignen sich mit ihrer Vielfalt an Blattfarben und Größen bestens für Töpfe.

ÄHNLICHE PFLANZEN IN EINER GRUPPE

Stehen ähnlich aussehende Pflanzen beieinander, bringt dies Ruhe in die Anordnung, doch es betont auch subtile Unterschiede. Sukkulenten zum Beispiel sehen in einer Gruppe super aus (S. 32), genauso wie Funkien. Sie ähneln sich im Aussehen und haben die gleichen Ansprüche, doch zeigen sie genug Unterschiede in der Farbe und der Größe, um ein eindrucksvolles Bild abzugeben. Abweichungen bei der Blütenform, in Größe und Textur treten in einfarbigen Kombinationen, etwa aus gelbblättrigen oder graulaubigen Pflanzen, besonders hervor.

PFLEGELEICHTE GRUPPE

Das Gießen ist im Sommer die wichtigste Aufgabe des Topfgärtners, doch wenn die Töpfe zusammen in einer Ecke stehen, lässt sich diese Arbeit leichter und bequemer erledigen. Große, tiefe Töpfe speichern mehr Wasser als flache, kleine Gefäße. In besonnten Innenhöfen wird es im Sommer heiß, deshalb sollten Sie dort große Töpfe verwenden. Stellen Sie kleinere Töpfe, die schneller austrocknen, an schattige Stellen.

Kleine Töpfe sollten in der Gruppe vorn stehen. Das sieht nicht nur besser aus, sondern vereinfacht auch das Auffegen von abgefallenen Blüten und Blättern und erleichtert insgesamt die Pflege.

Farbenfrohe Stiefmütterchen gedeihen in der Sonne oder im Halbschatten, aber sie welken schnell, wenn die Erde austrocknet.

FARBIGE KOMBINATION

Pflanzen mit leuchtenden Farben ergeben ein Kaleidoskop, während Komplementärfarben wie Blau und Orange oder Gelb und Violett markant wirken. Harmonische Anordnungen entstehen beim Kombinieren von ähnlichen Farbtönen wie Gelb mit Orange und Rot oder Blau mit Violett, Weiß und Lila.

TIPP Rücken Sie im Winter Töpfe mit immergrünen Sträuchern aus schattigen Bereichen weiter in den Vordergrund. Dadurch schließen Sie Lücken, die durch das Entfernen frostempfindlicher Pflanzen während der kalten Jahreszeit entstanden sind.

Kleine Töpfe mit bunten Blumen beleben das Standardarrangement.

KNALLEFFEKT

Ein einzelner Topf mit Blumen sieht oft verloren aus, doch er kann neben größeren Blattschmuckpflanzen hervorragend wirken. Wenn also eine Pflanze nicht so gut zur Geltung kommt wie gehofft, gesellen Sie kleinere Pflanzen für eine stärkere Wirkung hinzu. Auch wenn es ins Geld geht, sollten Sie eine große Pflanze einfügen, weil sie eine Gruppe kleinerer Gewächse in ihrem Umkreis wesentlich prägt. Ein Lorbeer- oder ein Olivenbaum lohnen sich als langfristige Investition. Für Höhe und einen Übergang zum Hintergrund sorgen auch kleine Pflanzen, die auf umgedrehten Töpfen stehen. Sorgen Sie darüber hinaus für Kontraste.

Der Neuseelandflachs sticht mit seinen riemenförmigen Blättern sowohl in der Form als auch in der Farbe hervor.

IN DIE HÖHE GEHEN

Bei jeder Gartenbepflanzung kommt es auf Präsenz und Höhe an, besonders gilt dies für den Topfgarten. Die Pflanzgefäße heben noch die kleinste Pflanze über den Grund, doch wenn alle Töpfe auf Kniehöhe bepflanzt sind, wirkt alles flach. Seien Sie mutig mit ornamentalen Pflanzen, stellen Sie Töpfe nach oben und begrünen Sie Mauern. Es gibt viele Möglichkeiten, die Bepflanzung nach oben zu bringen.

Japanische Fächer-Ahorne mit ihrem filigranen Astwerk wachsen langsam.

HOHE PFLANZEN

Kleine Bäume wie Japanische Fächer-Ahorne (oben) bieten eine gute Möglichkeit, die Bepflanzung in die Höhe auszudehnen. Sie stellen ein dauerhaftes, langsam wachsendes Element dar. Schnellere Ergebnisse liefern einjährige Kletterpflanzen, die man von Jahr zu Jahr variieren kann. Als Hochstämmchen erzogene Sträucher gehen schwerelos in die Höhe, Immergrüne wie Buchs oder Stechpalmen sorgen auch im Winter für Struktur. Bambus und Gräser bringen starke vertikale Linien ein, sie passen gut zu modernen, urbanen Gestaltungen, während hohe Pflanzen mit üppigen, großen Blättern einen Dschungeleffekt hervorrufen.

Auffällige vertikale Linien und die schwebenden flachen Schafgarben-Blüten über dem Laub lenken den Blick aufwärts.

TÖPFE IN DIE HÖHE

Eine klassische Vase auf einem Sockel mag für die meisten kleinen Gärten zu wuchtig wirken, doch es gibt viele andere Möglichkeiten, um Topfpflanzen weiter nach oben zu bringen. Eine Etagere aus Schmiedeeisen sieht für eine Sammlung ausgezeichnet aus, etwa für Aurikeln oder Tulpen. Pflanzenleitern (oder umgenutzte alte Leitern) sind beliebt, doch sie bieten zu wenig Standfestigkeit für große Pflanzgefäße. Das muss man bedenken, wenn Kinder oder Haustiere im Haushalt leben. Ausrangierte Möbelstücke kann man kreativ wiederverwenden: Pflanzen stehen gut auf alten Küchenstühlen, Regalen oder Nachtkästchen. Sie halten nicht ewig, doch sie genießen ein zweites Leben.

Ein umgenutztes Tischchen präsentiert Topfpflanzen aufs Schönste.

Mit Erde gefüllte Pflanztaschen nehmen eine Sammlung an Sommerblumen und Küchenkräutern auf.

HÄNGENDE GÄRTEN

Mit Hängekörben oder Pflanzgefäßen an der Wand lassen sich Außenräume mit Schmuckstücken auf Augenhöhe ausstatten, ganz so wie man farbenfrohe Kunstwerke an die Wände eines Zimmers hängt. Weil Wind und Sonne sie austrocknen, verlangen sie überaus viel Aufmerksamkeit, doch das Ergebnis kann sich sehen lassen. Drahtkörbe sollte man vor dem Bepflanzen mit einer Einlage versehen. Man kann Einlagen aus Filz oder Fasern kaufen, Moos aus dem Rasen eignet sich aber ebenso.

An einem stabilen Gerüst kann man Metzgerhaken zum Aufhängen von aufgewerteten Blechdosen und Eimern verwenden. Diese kosten kaum etwas und man kann sie im Sommer leichter feucht halten als Hängekörbe. Fallrohre kann man mit Kletterpflanzen umkleiden. Wenn Sie Pflanztaschen an den Wänden anbringen wollen, müssen Sie auf die Wahrung der Bausubstanz achten.

Hängende Gärten beschränken sich nicht auf traditionelle Hängekörbe. Es gibt viele raffinierte Möglichkeiten.

VERTIKAL PFLANZEN

Bepflanzte Fassaden kamen in der zeitgenössischen Architektur im Hinblick auf die ökologische Aufwertung der Innenstädte auf. Von diesen technisch hoch entwickelten Systemen gibt es auf den Privatbereich herunterverkleinerte Varianten. Die Pflanzen wachsen darin gut, doch die Einrichtungen sind teuer. Zum Glück bietet der Markt aber auch eine große Palette preisgünstiger Pflanzenwände ohne aufwendige Technik an, etwa Pflanztaschen, die an einer Rückwand befestigt werden. Zum Ausgestalten bieten sich Pflanzenbehälter aus unverwüstlichem Gewebe und recycelte Paletten an.

TÖPFE AUSSUCHEN

Pflanzen können in fast allem wachsen – in einer alten Steinvase wie in alten Stiefeln. Pflanzgefäße in ähnlicher Größe aus dem gleichen Material halten eine Anordnung optisch zusammen. Das ist wichtig, wenn Sie viele verschiedene Pflanzen kultivieren. Ist die Sammlung dagegen beschränkt, tragen verschiedene Gefäße zur Vielfalt bei. Das Allerwichtigste ist aber immer ein guter Wasserabzug.

DAS MATERIAL WÄHLEN

In den Gartenmärkten gibt es eine große Palette an Töpfen in verschiedenen Größen und aus unterschiedlichen Materialien zu kaufen. Ton eignet sich gut, weil seine poröse Beschaffenheit vor Fäulnis und Krankheiten schützt. Der rötliche Farbton harmoniert gut mit den meisten Blattfarben. Frostfeste Tontöpfe und glasierte Töpfe überstehen die Winter meist unbeschadet, doch sie können aufbrechen, wenn sich die Topferde beim Gefrieren ausdehnt. Holz isoliert die Wurzeln das ganze Jahr über und es altert schön. Halbierte Fässer halten in der Regel viele Jahre lang. Geflochtene Gefäße mit Kunststoffeinlage sehen gut aus und haben ein geringes Gewicht, doch sie überdauern nur wenige Jahre. Dünnwandige Materialien wie Kunststoff und Metall schützen weniger als Beton, Stein oder gebrannter Ton vor Hitze und Kälte, dafür wiegen sie wenig. Der Vorzug gilt regionalen Produkten, denn sie belasten die Umwelt am wenigsten.

Töpfe in verschiedenen Größen und aus unterschiedlichem Material nehmen eine Vielzahl von Pflanzen auf.

Tontöpfe lenken den Blick nicht von den Pflanzen ab, sie sorgen für guten Wasserabzug und verhindern Schäden durch Nässe.

Ungewöhnliche Pflanzgefäße springen ins Auge und lassen die Bepflanzung, hier mit Kräutern, pfiffig wirken.

DIE TOPFGRÖSSE

Große Pflanzgefäße sorgen in jedem Garten für Spannung, Blickfänge und Akzente. Die Pflege gestaltet sich in großen Töpfen auch leichter. Andererseits kosten sie viel und man kann sie nur mühsam umstellen, vor allem wenn sie mit Erde befüllt sind. Bei den meisten Pflanzen gehen die Wurzeln nicht tiefer als 40 cm, daher benötigt man nur für Gehölze tiefe Töpfe. Eine Gruppe kleiner Töpfe kostet nicht viel und man kann sie leicht umstellen. Wenn man sie in die Höhe stellt, erzielen sie eine stärkere Wirkung. Wenn Sie einen Topf für eine bestimmte Pflanze wählen, muss dieser größer als ihr derzeitiger Topf sein (*siehe S. 30*). Die Pflanze muss Platz zum Wachsen haben, doch in einem allzu voluminösen Topf steht sie in viel nasser Erde. Gut gegossen und gedüngt (*siehe S. 24–27*) füllen Pflanzen ein großes Gefäß bald aus.

Diese dickbauchigen Töpfe stehen im Kontrast zu den aufrechten Blättern der Schwertlilien.

DIE TOPFFORM

Töpfe gibt es in einer unübersehbaren Variationsbreite. Seien Sie vorsichtig mit Gefäßen, die geschwungene Wände oder einen engen Hals haben. Falls Sie darin Stauden oder Gehölze pflanzen, bekommen Sie die Pflanzen nicht mehr heraus, wenn sie einmal einen größeren Topf brauchen. Wollen Sie eine mehrjährige Pflanze hineinsetzen, nehmen Sie einen schlichten Plastiktopf, der eng an der Öffnung sitzt. Dadurch können Sie ein Arrangement auch innerhalb von ein paar Minuten verändern.

Einjährige dagegen kann man in jeder Art von Gefäß ziehen, weil man sie ohnehin am Ende der Wachstumszeit entsorgt. Fantasie ist gefragt: Ausgediente Behälter aus der Küche eignen sich ebenso wie Büchsen, auch Gießkannen kommen infrage, oft unterstreichen sie den Charakter der Pflanzen darin.

Setzen Sie Mehrjährige in einem einfachen Topf in bauchige Gefäße ein.

FÜSSE UND UNTERSETZER

Topffüße sorgen dafür, dass Wasser aus der Erde abfließen kann, und sie verhindern, dass Regenwürmer eindringen. Zum Gefäß passende Füße kann man kaufen, doch Ziegel und Fliesen eignen sich genauso. Untersetzer sind im Sommer praktisch, doch im Winter und bei feuchter Witterung entfernt man sie, um Staunässe zu vermeiden.

Abstandshalter schützen Wurzeln vor stehender Nässe.

PFLANZEN ERWERBEN

Die ausgewählten Pflanzen spiegeln Ihren Geschmack wider. Wünschen Sie die ganze Saison über Farbe und Duft, dann liefern Beet- und Balkonpflanzen gute Ergebnisse. Man tauscht sie mindestens zweimal im Jahr aus. Vielleicht bevorzugen Sie aber dauerhaftere Pflanzen wie Stauden, Sträucher oder kleine Bäume. Dann wären Immergrüne wie ein Olivenbaum oder ein Lorbeer eine gute Wahl, wenn Sie einen geschützten Platz haben. In jedem Fall werden Sie über Ihr Budget nachdenken müssen und über den besten Standort für die Pflanzen im Garten oder auf der Terrasse.

SORGFÄLTIG PLANEN

Ein paar Dinge sind zu beachten, bevor Sie Pflanzen für den Topfgarten kaufen. Passen die von Ihnen bevorzugten Pflanzen überhaupt an den vorgesehenen Platz? Gedeihen sie an einer sonnigen, schattigen, windigen oder exponierten Stelle? Beim Gestalten eines Dachgartens müssen Sie an die Breite der Türen und Treppen denken, sprich ob es möglich ist, Pflanzen und Töpfe dorthin zu bringen. Ein finanzieller Spielraum macht es leichter. Wenn das Geld im Moment knapp ist, bestückt man die Töpfe am besten mit Sommerblumen: Sie liefern sofort Farbe, doch man muss sie jedes Jahr neu bepflanzen.

Wände und Zäune schützen und erlauben eine größere Pflanzenauswahl.

GARTENMÄRKTE UND ANDERE BEZUGSQUELLEN

Am meisten Spaß macht das Herumstöbern in Gartenmärkten und Gartencentern. Dort erhalten Sie Beratung in Bezug auf die geeigneten Pflanzen und Sie bekommen Tipps zur Pflege. Im Angebot finden sich auch große Exemplare, was Ihnen Jahre an Anzuchtzeit erspart, auch wenn sie mehr kosten. Sie können auch auf Pflanzenmessen oder beim Discounter kaufen. Dort sind die Pflanzen manchmal recht günstig, doch ihr Zustand mag nicht immer der beste sein.

GUT ZU WISSEN

- Wählen Sie gesunde, kräftige Pflanzen mit vielen Knospen.
- Kaufen Sie blühende Pflanzen im Ruhestadium, wenn sie weniger kosten, und nicht in voller Blüte.
- Meiden Sie Sträucher, bei denen Wurzeln aus dem Topf wachsen.
- Nehmen Sie keine Pflanzen, die vernässt sind, ausgetrocknete Blätter oder viele welke Blüten haben.
- Vorsicht ist ebenfalls angebracht bei farbenfroh umverpackten Gewächsen in Torf. Ihre Qualität ist oft schlecht.

Im Gartencenter findet man eine große Auswahl und bekommt Beratung.

Jungpflanzen kann man kostengünstig bestellen, doch sie brauchen Pflege.

PFLANZEN BESTELLEN

Viele Gärtnereien bieten einen Online-Bestell-Service an. Bisweilen werden Pflanzen in einem jüngeren Stadium angeboten und oft werden sie nur im Ruhestadium von Oktober bis März versandt. Solche Pflanzen sind aber oft recht günstig und Spezialisten bieten ein breites Sortiment an. Topfen Sie die Pflanzen sofort nach Erhalt ein.

Übers Internet kann man kleine Beetpflanzen bestellen oder Jungpflanzen im Multipack, die man erst einmal weiterkultivieren muss. Fertigware aus dem Versandhandel kommt dagegen gleich in den Endtopf.

DIE RICHTIGE PFLANZZEIT

Zwar kann man Töpfe das ganze Jahr über bepflanzen, doch es gibt optimale Zeitpunkte. Sträucher zum Beispiel setzt man am besten im Herbst oder im Frühling ein, doch wenn man gut wässert, kann man sie immer pflanzen. Beetpflanzen setzt man üblicherweise zweimal im Jahr. Tulpen und Narzissen steckt man im Herbst. Während Stiefmütterchen winterhart sind, sollten andere Frühlingsblüher lieber erst im Frühjahr eingesetzt werden, etwa Goldlack und Bellis. Sommerblumen kommen nicht vor Mai ins Freie, denn sie sind nicht frostverträglich. Auch Lilienzwiebeln steckt man erst jetzt. Innenhöfe in der Stadt kann man früher bepflanzen. Junge Pflanzen reagieren empfindlich auf Kälte, deshalb brauchen sie in kalten Nächten Schutz durch ein Vlies.

Sechs Monate bevor sie blühen, setzt man Tulpen. Doch sie belohnen die gute Planung mit einem prächtigen Blütenaspekt.

TÖPFE BEPFLANZEN

Weil die meisten Pflanzen im Topf wachsen können, steht eine unüberschaubare Fülle an Möglichkeiten zur Verfügung: Gehölze, Gräser, Stauden, Einjährige. Sie können in Töpfen eine Sammlung Ihrer Lieblinge aufbauen oder reizende Arrangements mit der Kombination verschiedener Pflanzenarten schaffen, auch wenn einzelne Gewächse spezielle Anforderungen stellen. Sie können ganz nach Belieben auch nur einzelne Pflanzen in einen Topf setzen.

Seien Sie mutig beim Bepflanzen, wenn Sie unterschiedliche Typen für eine aufregende Gestaltung zusammenstellen.

EINZELN ODER IN GRUPPEN PFLANZEN

Steht nur eine Pflanze im Topf, können Sie die Erde, das Düngen, das Wässern und die allgemeinen Wachstumsbedingungen genau auf sie abstimmen.

Sollen mehrere in einem Topf wachsen, sollten sie in Größe, Wüchsigkeit und Kulturansprüchen zusammenpassen. Sommerblumen, die man zum Ende der Wachstumszeit entsorgt, eignen sich bestens für Anfänger, die mit Farben und Kombinationen experimentieren wollen. Sie können sie zusammenwürfeln oder mehrjährige Pflanzen dazwischensetzen, die Farbpunkte einbringen. Mischen Sie keine winterharten mit frostempfindlichen Pflanzen im gleichen Topf, denn Sie müssten die empfindlichen zum Sommerende entfernen. Setzen Sie auch keine langsam wachsenden Gewächse neben wuchskräftige Einjährige.

ÄHNLICHE PFLANZEN SETZEN

Farn-Arten besitzen unterschiedliches Blattwerk, haben aber ähnliche Ansprüche. Es entsteht ein wunderbarer Blickfang für den Schatten, den Sie jederzeit pflanzen können.

1 Bedecken Sie die Wasserabzugslöcher am Boden mit Tonscherben, damit sie nicht mit Erde verstopfen.

2 Füllen Sie bis etwa 5 cm unter die Topfoberkante Blumenerde ein. Mischen Sie Depotdünger darunter.

3 Wässern Sie die Wurzelballen gründlich und holen Sie dann die Pflanzen aus dem Topf. Setzen Sie die höchste Pflanze in den Hintergrund, daneben und davor die übrigen.

4 Füllen Sie in alle Lücken zwischen den Wurzelballen Erde ein, und gießen Sie gründlich an, damit die Erde an die Wurzeln geschwemmt wird.

PFLANZABSTÄNDE

Zu eng zusammengepferchte Pflanzen haben keinen Raum zum Wachsen, oft folgen Pilzkrankheiten. Wie viele Pflanzen in einen Topf passen, hängt von der Jahreszeit ab und wie lange Sie warten wollen, bis der Topf in voller Pracht erstrahlt. Wenn Sie Jungpflanzen im Frühling einsetzen, lassen Sie genug Raum für die Entwicklung. Ältere Pflanzen können Sie enger setzen, weil sie nicht mehr viel weiterwachsen. Gegen Sommerende können sich die Pflanzen beim Einsetzen fast berühren, so wirkt alles schon fertig. Ab Herbst wachsen die Pflanzen nicht mehr wesentlich. Man kann eng pflanzen, wenn man im Frühjahr darauf umtopft.

Dicht gesetzte junge Pflanzen verweben sich ineinander und bringen ein lockeres und natürliches Ergebnis.

BLUMENZWIEBELN

Zwiebelblumen für den Frühling pflanzt man im Herbst. Man steckt sie etwa zweieinhalb mal so tief, wie die Zwiebel hoch ist. Beim Stecken für eine Saison spielt das keine große Rolle, aber Narzissen kann man für mehrere Jahre unter Mehrjährige pflanzen.

Blumenzwiebeln können Sie auch in Lagen übereinander in Gefäße stecken (rechts). Damit bekommen Sie viel Farbe über einen langen Zeitraum. Die großen Zwiebeln platziert man zuerst, dann gibt man Erde hinzu und steckt die nächste Schicht zwischen die Spitzen der untersten Lage. Sie können Lagen aus gleichen oder verschiedenen Zwiebeln setzen. Für zusätzliche Farbe im Sommer können Sie Gladiolen, Freesien, Lilien und Tigerlilien einbringen.

> **TIPP** Frühblühende niedrigere Zwiebelblumen pflanzen Sie nah an der Topfkante ein, damit das Laub der größeren Pflanzen nicht ihre Blüten verdeckt.

Narzissen, Netzblatt-Iris und Primeln ergeben einen schöne Kombination.

1. In die unterste Lage kommen größere Gewächse wie Tulpen oder Narzissen.

2. Fügen Sie mehr Erde hinzu und legen Sie dann die Zwiebeln kleinerer Pflanzen aus.

GUT ZU WISSEN

- Verwenden Sie lehmige Erde für Pflanzen, die länger im Topf bleiben.
- Setzen Sie keine kleinen Gehölze in riesige Gefäße. Topfen Sie die Pflanzen im Zuge des Wachstums lieber mehrfach um.
- Wässern Sie die Pflanzen vor dem Einsetzen immer gründlich, damit der Wurzelballen feucht bleibt.
- Wasserhaltendes Gel trägt dazu bei, dass die Erde Feuchtigkeit hält.
- Setzen Sie Topfpflanzen immer so tief ein, wie sie zuvor standen.

BALKONKÄSTEN UND HÄNGEKÖRBE BEPFLANZEN

Hängekörbe und Fensterkästen bringen Farbe an triste Plätze. Fensterkästen können das ganze Jahr über erstaunlich viel Farbe bringen und sie sind von drinnen wie draußen zu bewundern. Ein gut bestückter Hängekorb mit herabhängenden Blüten sieht wunderbar aus, aber wählen Sie dafür einen vor starkem Wind geschützten Platz, außerdem haben die meisten Pflanzen ein wenig Schatten gern.

KASTEN FÜR DEN WINTER

Nichts erstaunt im Winter mehr als ein Fensterkasten, der vor farbigen Pflanzen überquillt. Pflanzen Sie dafür im Herbst, damit die Gewächse vor der ersten Kälteperiode eingewachsen sind. Für einen guten Effekt pflanzt man eng zusammen.

Immergrüne Zwergsträucher geben den idealen Hintergrund, etwa Skimmien, aus deren leuchtend roten Knospen sich im Frühling duftende Blüten öffnen. In Farbe und Form kontrastieren Koniferen, Purpurglöckchen oder Seggen, Efeu und Immergrün bieten hängende Triebe. Zwerg-Narzissen oder Traubenhyazinthen blühen im Frühling.

1 Legen Sie eine Schicht Styroporkugeln oder Blähton zur Dränage auf den Kastenboden, füllen Sie mit Blumenerde fast bis zum Rand auf.
2 Experimentieren Sie vor dem Einsetzen mit der Anordnung der Pflanzen herum. Wenn es Ihnen gefällt, gießen Sie, holen die Wurzelballen aus dem Topf und beginnen das Einsetzen mit der größten Pflanze.
3 Beim weiteren Einpflanzen füllen Sie sorgfältig Erde rund um die Wurzeln ein, sodass keine Lücken bleiben. Zum Schluss können Sie Blumenzwiebeln stecken (S. 19).
4 Gießen Sie gut und stellen Sie den Kasten ans Fensterbrett.

1

2

3

4

Aufrechte und hängende Geranien schmücken den ganzen Sommer über.

KÄSTEN IN DER SONNE

Helle, sonnige Fensterbretter bieten viele Pflanzmöglichkeiten für Kästen im Sommer. Kräuter wie Lavendel und Thymian gedeihen in der Sonne. Sukkulenten wie *Sedum-* und *Sempervivum-*Arten passen ebenso gut dorthin. Viele dieser immergrünen Pflanzen halten sich über den Herbst hinaus.

Hohe Kästen haben mehr Volumen und Gewicht, sie schlucken mehr Erde, doch das Gießen bei Hitze wird dann nicht so sehr zum Wettlauf. Mineralisches Substrat schrumpft beim Austrocknen nicht so stark zusammen wie organische Universalerde.

Drahtkörbe brauchen eine Einlage für das Substrat. Moos eignet sich gut dafür.

KÖRBE UND EINLAGEN

Hängekörbe gibt es aus verschiedenen Materialien. Die beliebten Drahtkörbe kann man mit Moos auskleiden (oben) oder mit vorgeformtem Kokosnussgewebe (rechts). Die Fasereinlage ist einfach in der Verwendung, aber sie passt nicht immer richtig in den Korb. Geflochtene Körbe mit Plastikeinlage sehen gut aus und durch die Plastikeinlage muss man nicht so viel gießen. Feste Kunststoffkörbe halten jahrelang und haben oft integrierte Untersetzer, um die Gießintervalle zu verlängern. Sie sehen weniger gut aus, bis hängende Triebe der Pflanzen sie kaschieren.

GUT ZU WISSEN

- Hängekörbe muss man im Sommer regelmäßig wässern, im Hochsommer öfter am Tag.
- Wenn sie gut wachsen, brauchen die Pflanzen phosphorbetonten Dünger, damit sie kräftig blühen.

EINEN HÄNGEKORB FÜR DEN SOMMER BEPFLANZEN

Hängekörbe bereichern die Terrasse auf Augenhöhe (S. 64–75) mit Blättern und Blüten. Bepflanzen Sie Körbe für den Sommer im Frühling. Ein Korb mit 35 cm Durchmesser braucht eine zentrale Pflanze, dazu vier oder fünf Pflanzen darum herum und am Rand vier kleine herabhängende Pflanzen. Befinden sich frostempfindliche Pflanzen darunter, wie Geranien oder Begonien, halten Sie den Korb im Gewächshaus, bis die Gefahr von Spätfrösten vorbei ist. Oder Sie pflanzen einfach später.

Wenn Sie zusätzlich eine Kunststoffeinlage (unten) nutzen, schneiden Sie ein paar Schlitze in die Seiten, damit Wasser abfließen kann. Nach dem Bepflanzen kommt der Korb möglichst für etwa eine Woche an einen schattigen Platz. Das erleichtert das Einwurzeln, bevor der Korb aufgehängt wird.

1 Stellen Sie den Korb fürs leichtere Bepflanzen auf einen großen Topf. Eine vorgeformte Einlage müssen Sie wahrscheinlich zurechtschneiden.

2 Damit Feuchtigkeit besser bewahrt wird, schneiden Sie ein rundes Stück Folie aus einem alten Substratsack aus. Er soll ein Drittel der Höhe abdecken.

3 Füllen Sie zu zwei Dritteln Blumenerde ein, mischen Sie Depotdünger und wasserhaltendes Gel darunter.

4 Vor dem Pflanzen müssen Wurzelballen und Pflanzerde feucht sein. Zuerst setzt man die höchste Pflanze in die Mitte, dann die anderen rundum ein. Hängegewächse kommen an den Rand. Füllen Sie überall Erde ein und gießen Sie gut an.

TIPP Die Pflanzen brauchen immer genug Wasser und Dünger. Man kann die Körbe abnehmen und sie in einem Eimer Wasser vollsaugen lassen.

1

2

3

4

KLETTERPFLANZEN EINSETZEN

Kletterpflanzen überziehen Trennwände, sie bringen Duft und Farbe auf Augenhöhe in den Garten oder Innenhof. Manche Kletterpflanzen haben Haftwurzeln, andere besitzen Ranken, wieder andere winden oder schlingen sich um Nachbarpflanzen, aber sie alle brauchen eine Art von Stütze. Die Kultur in Pflanzgefäßen eröffnet die Möglichkeit, Kletterpflanzen vor einer Wand, einem Zaun oder einem Rankgerüst zu erziehen. Abgesehen von den Einjährigen leben die meisten Kletterpflanzen länger als ihre Stützen. Diese brauchen Unterhaltungspflege und man muss sie irgendwann ersetzen.

Große, tiefe und schwere Töpfe bieten Kletterpflanzen guten Halt.

GEFÄSSE WÄHLEN

Die meisten Kletterpflanzen bilden ein umfangreiches Wurzelsystem, man setzt sie besser in tiefe Töpfe. Diese enthalten mehr Erde und Feuchtigkeit, sie erhitzen sich im Sommer nicht so sehr wie kleine Töpfe. Vor einer Wand bietet sich ein quadratisches Gefäß oder eines mit flacher Rückseite an, das man direkt anstellen kann.

Für das Begrünen eines Obelisken verwenden Sie breite Töpfe, die bewachsen noch standfest bleiben. Schweres Material wie Stein oder Holz steht stabiler als Kunststoff.

VOR WÄNDEN UND RANKGERÜSTEN

Kletterpflanzen bedecken kahle Wände mit auffälligen Blüten und Blättern. Manche Pflanzen wie Efeu halten sich mithilfe von Haftwurzeln fest, andere dagegen brauchen ein Rankgerüst und oft dazu Hilfe beim Hochranken.

Viele Kletterpflanzen bilden nur an den Triebspitzen ihre Blüten aus und können am Grund der Triebe völlig blattlos sein. Sie können das Problem lösen, indem Sie vor der Kletterpflanze bepflanzte Töpfe aufstellen, um kahle Triebe zu verstecken.

Je nach Topfgröße und Wuchskraft müssen Sie die Kletterpflanze nach ein paar Jahren umtopfen. Das kann an einem Rankgerüst ein wenig schwierig werden, sofern man die Pflanze nicht schadlos stark zurückschneiden kann. Setzen Sie daher die Pflanze in einen größeren Topf, als es zunächst angebracht erscheint (links).

Zu Beginn brauchen vielleicht auch Selbstklimmer ein wenig Nachhilfe: Binden Sie dafür die Triebe waagrecht an Nägel oder Drähte im Gerüst an. Neu erscheinende Triebe treiben nach oben aus und haften von selbst an der Oberfläche, auch wenn diese recht glatt ist.

Waldreben wie 'Étoile Violette' schlingen an Rankgerüsten und bilden monatelang einen farbigen Überzug. Die Sorte blüht im Spätsommer nach einem Schnitt im Frühling.

EINEN EFEUKEGEL PFLANZEN

Atmosphäre schafft ein einfacher kegelförmiger Drahtrahmen, wie man ihn im Gartencenter kaufen kann. Der anpassungsfähige, immergrüne und Schatten liebende Efeu ist die perfekte Pflanze, um so eine schnelle Art von Formschnitt zu erzeugen.

1 Füllen Sie Kübelpflanzenerde in einen 25-cm-Topf ein und pflanzen Sie an den Rand drei Efeupflanzen. Lösen Sie sie von den Stützstäben und legen Sie die Triebe vorsichtig über den Topfrand.

2 Den Kegel in passender Größe schieben Sie fest in die Erde, er muss mittig und stabil stehen.

3 Ziehen Sie die Efeutriebe gleichmäßig über den Rahmen. Bedecken Sie den unteren Teil gut, weil die Pflanzen kaum mehr nach unten wachsen.

4 Gießen Sie die Pflanzen gründlich an. Neuen Austrieb schieben Sie zwischen die Drahtmaschen, um den Kegel zu füllen. Ältere Pflanzen müssen Sie regelmäßig stutzen, damit sie die schöne Form bewahren.

1

2

3

4

BEPFLANZTER OBELISK

Obelisken bringen Höhe in den Garten und werden zum Blickfang, man sollte sie von allen Seiten betrachten können. Pflanzen, die im Topf an einem Obelisken ranken, kann man leicht in ein größeres Gefäß umsetzen.

Damit die Kletterpflanze den Obelisk ausfüllt und von unten her austreibt, schneiden Sie sie nach dem Einsetzen stark zurück. Neue Triebe leiten Sie an der Außenseite herum. Clematis sprechen auf diese Behandlung gut an, die Triebspitzen hängen dann nicht über. Neue Triebe wachsen aufwärts, mit ihnen füllt man Lücken. Mit dem Wachstum braucht es eine größere Stütze: Man kann sie ersetzen oder stülpt eine neue über die alte. Sommerblumen verdecken eine kahle Basis.

TIPP **Ein unten am Obelisk angebrachter Draht, der durch den Topf und dann wieder nach oben geführt wird, sorgt für Standfestigkeit der Anordnung.**

An einem Obelisk kommt eine Kletterpflanze rundum schön zur Geltung.

ERDEN UND DÜNGER

Die richtige Erde entscheidet über die Gesundheit der Topfpflanzen. Die beliebten Universalerden sind einfach im Gebrauch, leicht verfügbar, haben ein geringes Gewicht und genügen den Ansprüchen der meisten Pflanzen. Einige Gewächse verlangen allerdings spezielle Erden und Gehölze wachsen besser in strukturstabilen Substraten mit Lehm. Die Erden enthalten nur beschränkte Nährstoffmengen, daher sollten Sie die Pflanzen düngen. Gekörnter Dünger gibt die Nährstoffe über mehrere Monate hinweg ab, Flüssigdünger wirkt sofort und muss im Sommer wiederholt gegeben werden.

SUBSTRATE AUSWÄHLEN

Universalerden bestehen aus weitgehend zersetztem organischem Material, das sich im Topf weiter abbaut. Sie eignen sich für Ein- oder Zweijährige besser als für Stauden und Sträucher. Die schwindende Ressource Torf findet sich in vielen Produkten, vermeiden Sie den Kauf möglichst. Wählen Sie stattdessen torffreie Erden, viele davon enthalten Recyclingmaterial. Die Erden unterscheiden sich in ihrer Struktur, was sich auf die Gieß- und Düngeintervalle auswirken kann. Sie müssen passende Produkte ausfindig machen und die Kultur anpassen. Lehmhaltige Erden verursachen mehr Schmutz bei der Arbeit, doch sie enthalten mehr Nährstoffe und lassen sich nach dem Austrocknen einfacher wieder benässen. Verwenden Sie in Töpfen keine Gartenerde: Sie enthält Regenwürmer, die Wasserabzugslöcher verstopfen, und dazu manchmal Unkrautsamen, Krankheitskeime, Schnecken und andere Schädlinge.

Pflanzen wie Kamelien und Lavendelheide brauchen kalkfreie Erde. Für andere Pflanzen ist Kalk zum Wachsen notwendig.

Verwenden Sie Topfsubstrat (links) und keine Gartenerde (rechts), um gesundes Wachstum zu gewährleisten.

DIE PFLANZEN DÜNGEN

Geben Sie Flüssigdünger einmal wöchentlich, um Nährstoffe mit dem Wasser zu verabreichen. Gekörnte Dünger oder Schafwollpellets regen im Frühjahr bei Sträuchern das Wachstum an, doch nach einem Monat sollten Sie auf Flüssigdünger umschwenken.

Depotdünger, die man beim Pflanzen untermischt, eignen sich perfekt zur Versorgung von Topfpflanzen. Jedes Korn ist mit Harz ummantelt, die Nährstoffe treten nur aus, wenn es warm und feucht genug ist für Wachstum.

Flüssigdünger im Gießwasser versorgt die Pflanzen schnell mit Nährstoffen.

PFLANZENNÄHRSTOFFE

Die Pflanzen nehmen Nährstoffe nur mit dem Wasser auf. Daher düngt man üblicherweise mit löslichem Dünger. Gewöhnliche Dünger enthalten in etwa gleicher Menge die drei Hauptnährstoffe Stickstoff, Phosphor und Kalium. Spezialdünger dagegen haben unterschiedliche Anteile, um bestimmte Ansprüche zu erfüllen. Auf den Verpackungen sind die jeweiligen Nährstoffanteile genau angegeben.

Zu den am meisten verbreiteten Flüssigdüngern zählt Tomatendünger, der viel Phosphat, aber auch Kalium enthält. Er eignet sich für alle blühenden Pflanzen. Flüssiger Rasendünger (ohne Herbizide und Moosvernichter) enthält einen hohen Stickstoffanteil und eignet sich zur Versorgung von Blattschmuckpflanzen wie Zimmeraralie und Bambus.

NÄHRSTOFF	ENTHALTEN IN	WIRKUNG
Stickstoff (N)	Gemüsedünger	Üppiges Trieb- und Blattwachstum
Phosphor (P)	Blumendünger	Bildung von Blüten und Früchten
Kalium (K)	Herbstrasendünger, Gehölzdünger	Ausreifen der Triebe im Herbst, Regulierung des Wasserhaushalts

Mischen Sie Depotdünger vor dem Bepflanzen unter die Erde, damit gewährleisten Sie ständigen Nährstoffnachschub.

GUT ZU WISSEN

- Mischen und verdünnen Sie immer genau nach Packungsanweisung.
- Geben Sie Flüssigdünger niemals stärker konzentriert als angegeben. Es könnte Wurzelschäden geben.
- Geben Sie Flüssigdünger nie auf trockene Erde. Gießen Sie zuerst vor der Anwendung.
- Im Winter, wenn die Pflanzen nicht wachsen, braucht es keinen Dünger. Er wird dann nur ausgewaschen.

Eigenen Dünger stellen Sie aus Brennnessel- und Beinwellblättern her.

ORGANISCHE DÜNGER

Organische Düngemittel enthalten dieselben Nährstoffe, wie sie beim Umbau in der Erde freigesetzt werden. Ihre Wirkung tritt langsamer ein als bei mineralischen Düngern, doch sie enthalten weitere wachstumsfördernde Inhaltsstoffe. Sie fördern Mikroorganismen, die im Universalsubstrat vielleicht nicht enthalten waren.

Manche Flüssigdünger enthalten Meeresalgen. Da sie neben den üblichen Pflanzennährstoffen (Tabelle links) viele Mikronährstoffe abgeben, gelten sie als Pflanzenstärkungsmittel. Als wertvoll erweisen sich vor allem die enthaltenen Spurenelemente, sodass man so ein Produkt als Blattdünger einsetzen kann, den man bevorzugt auf kranke Blätter spritzt, um das Wachstum anzuregen.

Eigenen organischen Dünger können Sie aus Brennnesseln oder Beinwell herstellen, indem Sie einen Eimer mit frischen Trieben und Blättern befüllen, diese mit Wasser und einem Deckel abdecken und dann für ein paar Wochen stehen lassen. Die entstandene Jauche ergibt abgeseiht einen wertvollen Flüssigdünger.

GIESSEN

In Bezug auf das Wasser sind Topfpflanzen von Ihnen abhängig. Sie haben keinen Zugang zu Feuchtigkeit in tieferen Bodenschichten, außerdem schirmt das Blattwerk die Topfoberfläche vor Regen ab. Regelmäßiges Wässern hält die Pflanze gesund. Die Wahl großer Töpfe kann sich dabei auszahlen: Je größer das Substratvolumen im Pflanzgefäß, desto mehr Wasser kann es speichern.

Hängekörbe trocknen besonders leicht aus. Verlängerte Gießaufsätze erleichtern das Wässern.

OPTIMALES WÄSSERN

Die Antwort auf die Frage, wann eine Pflanze Wasser braucht, lautet entschieden nicht: Wenn sie so aussieht, als hätte sie Durst. Immer wenn eine welke Pflanze wieder zum Leben erweckt werden muss, war sie geschwächt und braucht Zeit zur Erholung, anstatt gut auszusehen. Eine ständige Versorgung der Wurzeln mit Wasser muss gewährleistet sein. Mit der Zeit werden Sie beim Hochheben des Topfes gut einschätzen können, ob Wasser benötigt wird. Falls der Topf zu groß dafür ist, stecken Sie den Finger in die Erde. Wir spüren zwar nicht den Feuchtigkeitsgehalt, dafür aber den Unterschied zwischen kühler, schwammartige Erde, die feucht ist, und warmer, rauer Erde, die trocken ist. Wenn Sie schon wissen, dass Sie nicht zu den eifrigsten Hobbygärtnern zählen, dann wählen Sie Pflanzen, die mit warmen, trockenen Standorten zurechtkommen (S. 128–139). Viele besitzen eigene Einrichtungen zur Wasserspeicherung wie fleischige Triebe oder Blätter, andere Eigenschaften machen sie robuster gegenüber Vernachlässigung. Ebenso ist es wichtig, ein Übergießen zu vermeiden. Mit Wasser dauerhaft gesättigte Erde bringt die Pflanzen zum Absterben, denn die Wurzeln brauchen Luft.

Dicht gesetzte Pflanzen stehen in Konkurrenz und brauchen viel Wasser. Kleiden Sie durchlässige Körbe innen aus.

Übergießen ist genauso schädlich wie Wassermangel. Füße oder Fliesen unter den Töpfen ermöglichen Wasserablauf.

EFFEKTIVES WÄSSERN

Gießen Sie die Erde im Topf, nicht die Blätter und Blüten, das vergeudet nur Wasser. An heißen Tagen können Tröpfchen auf dem Laub zu Verbrennungen führen. Wenn Sie unmittelbar mit der Kanne gießen, formen Sie Dellen in der Erde. Setzen Sie einen Brauseaufsatz auf, sprühen Sie oder gießen Sie auf etwas, was den Aufprall abmildert, wie etwa eine Scherbe oder ein Fliesenstück im Topf. Gießen Sie jeden Topf gründlich, anstelle Wasser quer über alle Pflanzen zu verteilen.

Eine völlig ausgetrocknete Pflanze lässt sich im Pflanzgefäß schwer wiederbeleben. Ausgetrocknete Pflanzerde schrumpft und das Wasser läuft innen an den Seiten herunter und unten heraus. Zur Abhilfe stellen Sie die Pflanze in eine Schüssel Wasser, damit sie sich von unten her wiederbefeuchten kann. Wenn das nicht geht, wässern Sie immer wieder, bis das Substrat eindeutig Wasser aufnimmt.

Ein sanfter Regen aus dem Brauseaufsatz verhindert das Abschwemmen von Erde und das Freilegen von Feinwurzeln.

Abfließendes Wasser aus Hängekörben sammeln Sie wieder auf.

WIEDERVERWENDEN

Das meiste Grauwasser aus dem Haushalt eignet sich für Pflanzen, besonders wenn Sie es abwechselnd mit Leitungs- oder Regenwasser verwenden. Verwenden Sie nichts, was scharfe Reinigungsmittel enthält, und verwenden Sie kein Spülwasser, das Fett und gekochte Speisepartikel enthält. (Sie riskieren sonst üble Gerüche.) Putzwasser von Gemüse, vom Waschen von Reis und Vorquellen von Bohnen eignet sich perfekt.

Regenwasser ist immer mehr eine wertvolle Ressource und in Regionen mit hartem Wasser sind kalkfliehende Pflanzen wie Kamelien dankbar dafür.

GIESSHILFEN

In große Töpfe mit großen Pflanzen können Sie eine unten abgeschnittene Kunststoffflasche mit dem Hals einsenken. Dadurch gießen Sie das Wasser unmittelbar an die Wurzeln (man kann den Flaschenhals mit niedrigen Pflanzen kaschieren). Ein Stabaufsatz auf dem Wasserschlauch erleichtert das Wässern von Hängekörben. Im Handel finden sich Wasserspeichersysteme zum Einsenken in Töpfe – ein Docht stellt eine langsame Wasserversorgung je nach Bedarf her. Für Urlaubszeiten ist das wichtig.

Angepasste Topfbewässerungssysteme sind ebenfalls erhältlich. Sie stellen müheloses Bewässern in Aussicht. Dazu zählen schmale Tropfschläuche, die von einem festgeklemmten Schlauch abgehen. Damit bewässern Sie alle Töpfe mit einem Hahnaufdrehen. Sie können auch eine Zeitschaltuhr zwischen Hahn und Pflanzen einbauen.

Wenn Sie wenig Zeit haben, installieren Sie ein Bewässerungssystem. Sie können dann nach der Arbeit den Garten genießen, anstelle Pflanzen zu gießen. Es spart auch Wasser.

TIPP Das Verlegen eines Bewässerungssystems gelingt leichter, wenn Sie die Schläuche für ein paar Stunden in die Sonne legen. Die Wärme macht den Kunststoff weicher, das Verlegen und Anschließen der Tropfschläuche geht einfacher.

PFLEGE FÜR EIN GUTES AUSSEHEN

Egal welche Pflanzen in Ihren Töpfen wachsen – ein wenig Pflege verwandelt eine schlichte Anordnung in ein Highlight. Durch routinemäßige Pflegearbeiten wächst der Spaß am Gärtnern und die Pflanzen entwickeln sich kräftiger und gesünder. Oft erkennt man beim Entfernen welker Blüten und Blätter verborgene Probleme wie Krankheits- und Schädlingsbefall oder einen besonderen Nährstoffbedarf.

Halten Sie die Fläche um die Töpfe herum sauber und ordentlich. Das schützt auch vor Krankheiten und Schädlingen.

AUSPUTZEN

Pflanzen bilden Blüten, damit sich Samen entwickeln, doch wenn Samenstände entstanden sind, bilden viele Pflanzen keine weiteren Blüten. Das Entfernen welker Blüten, als Ausputzen bezeichnet, regt die Entwicklung weiterer Blüten an. Es ist notwendig, damit die Pflanzen gedeihen, gut aussehen und für längere Zeit Farbe zeigen. Es verhindert auch, dass abfallende Pflanzenteile das Pflaster rutschig und unansehnlich machen.

Große Blüten wie von Petunien und Stiefmütterchen zwickt man aus. Man entfernt die gesamten Blüten mit dem Fruchtknoten. Bei kleinen Blüten wie von *Diascia* und *Nemesia* nimmt man den Blütenstand ab, sobald die letzte Blüte abgefallen ist.

Bei Rosen geht man ein wenig anders vor. Welke Blüten schneidet man am Stiel bis zum nächsten großen Blatt zurück. Das sorgt für eine schnelle Neublüte und ein kompaktes Wachstum.

Das Abzwicken welker Blüten mit dem Samenbehälter sorgt für Ordnung und es kommen mehr Blüten nach.

TIPP Manche Pflanzen, die man speziell wegen ihres schmückenden Blattwerks zieht, wie etwa Buntnesseln, entwickeln ein üppigeres und farbkräftigeres Laub, wenn man die Blütenstände auszwickt, sobald sie erscheinen.

Buntnesseln entwickeln schöneres Laub, wenn man Blüten zeitig entfernt.

GUT ZU WISSEN

- Ziehen Sie Unkräuter so bald wie möglich heraus. Bilden sie Samen, breiten sie sich rundum aus.
- Stark erkrankte Pflanzen müssen entfernt werden.
- Ein Herbstschnitt von laubabwerfenden Pflanzen beseitigt überwinternde Schaderreger.
- Unter den Topfkanten verstecken sich bei Trockenheit Schnecken.

SPÄTFROSTSCHADEN

Viele beliebte Balkonpflanzen sind kälteempfindlich und erleiden leicht Frostschäden. Erfrorene Triebe, etwa bei der Orangenblume, bricht man aus, Lavendel und Salbei bekommen im April einen leichten Rückschnitt. Lavendelheide und Japanische Fächer-Ahorne treiben beim ersten warmen Frühjahrswetter aus, die weichen Spitzen werden leicht Opfer von Spätfrost. Nach dem Ausschneiden folgt neuer Austrieb. Steht Nachtfrost bevor, decken Sie die Pflanzen mit Vlies ab.

Viele Immergrüne erleiden im Winter Kälteschäden.

TÖPFE REINIGEN

Grünalgen auf Ton, Stein oder Beton beeinträchtigen die Pflanzen nicht, aber sie stören die Optik. Man kann die Töpfe leicht mit etwas Reinigungsmittel und Wasser abschrubben. Falls sich um die Töpfe herum Moos entwickelt, kann dies den Wasserablauf stören. Stellen Sie deshalb manchmal die Töpfe weg und reinigen Sie den gesamten Bereich, auf dem die Töpfe sonst stehen. Prüfen Sie die Töpfe auf Risse und fegen Sie alle Abfälle weg, die als Unterschlupf für Schnecken dienen könnten. Diese bedeuten eine Bedrohung für junge Pflanzen.

Alte und angewitterte Töpfe verleihen einer Anordnung rustikalen Charme.

RÜCKSCHNITT

Viele Sträucher benötigen einen leichten Rückschnitt. Bei jungen Pflanzen zwicken Sie im Frühling die Triebspitzen aus, um einen buschigeren Wuchs und ein volleres Erscheinungsbild anzuregen. Ein häufiger leichter Schnitt ist besser als ein starker Rückschnitt einer zu groß gewachsenen Pflanze.

Ein Schnitt bewahrt auch die Form und verbessert den Gesamteindruck. Bei Bambus entfernt man die unteren Blätter und einige Triebe, damit die Halme besser zur Geltung kommen. Unter den freigelegten Austrieben von Fächer-Ahorn blühen Zwiebelblumen.

Das Einkürzen der Triebe vor dem Hochsommer sorgt für buschigen Wuchs.

Frischen Austrieb zwickt man im Frühling ab, um Verzweigung anzuregen.

UMTOPFEN UND ERDE ERNEUERN

Große Pflanzen lassen sich oft nicht leicht umtopfen. Einfacher ist es, frische Erde auf die Oberfläche aufzubringen.

Etliche Topfpflanzen dienen als Farbbringer für einen Sommer und danach verwirft man sie. Andere wachsen von Jahr zu Jahr heran und werden immer schöner. Das bedeutet, dass man sie in größere Töpfe umsetzen muss. Die neuen Gefäße müssen das Wurzelwerk aufnehmen und benötigen mehr Speicherplatz für Wasser, aber sie sorgen auch dafür, dass die höhere Pflanze ihre Standfestigkeit behält.

PFLANZEN UMTOPFEN

Eingewachsene Pflanzen muss man nicht jedes Jahr umtopfen, doch so lange man sie noch handhaben kann, bekommt ihnen ein Umsetzen alle paar Jahre gut. Wichtig ist es, den neuen Topf so zu wählen, dass er nur wenig (8–10 cm) breiter und tiefer ist als der alte. Wenn kleine Pflanzen in großen Töpfen von feuchter Erde umgeben sind, kann ihr Wachstum leiden. Für Sträucher verwenden Sie tonhaltige Kübelpflanzenerde und keine gewöhnliche Blumenerde, denn die Substratstruktur muss über mehrere Jahre erhalten bleiben.

SO TOPFT MAN UM

1 Der neue Topf sollte unbedingt Abzugslöcher haben. Füllen Sie so viel Erde ein, dass die Pflanze in der richtigen Höhe sitzt.

2 Wässern Sie die Pflanze und nehmen Sie sie aus dem alten Topf. Bei Pflanzen im Ruhezustand ziehen Sie verdichtete Wurzeln vorsichtig auseinander.

3 Setzen Sie die Pflanze ein und füllen Sie rundum Erde ein.

4 Gießen Sie an und füllen Sie alle entstehenden Lücken mit Erde auf.

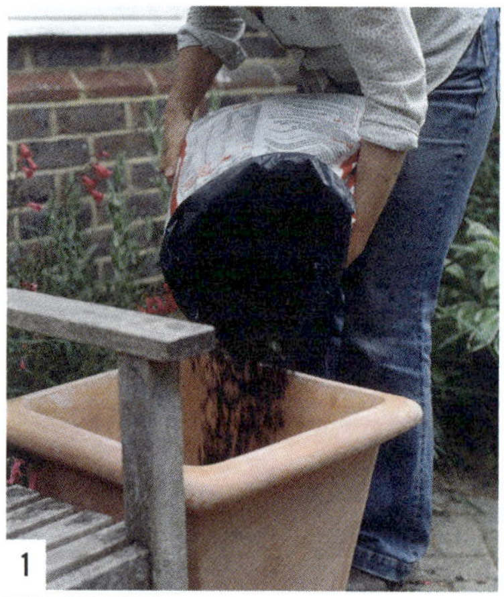

1

2

3

4

WURZELN EINKÜRZEN

Falls Sie keinen größeren Topf zum Umsetzen haben, können Sie die Pflanze gesund erhalten, indem Sie im Winter oder Frühling den unteren Teil des Wurzelballens erneuern. Legen Sie dafür die Pflanze vorsichtig auf die Seite, ziehen Sie den Topf ab und schneiden Sie das untere Viertel oder Drittel des Wurzelballens ab. Den Platz im Topf füllen Sie mit frischer Erde und setzen die Pflanze wieder ein.

Die umgelegte Pflanze ziehen Sie aus dem Topf – vielleicht brauchen Sie Hilfe.

Schneiden Sie den Wurzelballen mit Erde von unten her aus.

ERDE AUFFÜLLEN

Wenn ein Gehölz für seinen Topf zu groß wird, kann man es für einige Jahre erhalten, indem man nur von oben her neue Erde aufbringt. Dies geschieht am besten im zeitigen Frühling. Kratzen Sie die alte Erde an der Oberfläche ab und bringen Sie stattdessen lehmhaltige Komposterde zusammen mit Depotdünger auf, um die Pflanze die ganze Wachstumszeit über zu ernähren. Diese Maßnahme verhindert das Zusammensacken der Erdoberfläche und außerdem entfernt man zugleich sprießendes Unkraut. Eine Abdeckung mit Splitt entfernen Sie einfach, bevor Sie das alte durch frisches Substrat ersetzen.

Verbrauchte Erde wird von oben her durch frische Erde ersetzt.

Depotdünger liefert den Pflanzen die gesamte Wachstumszeit über Nährstoffe.

GUT ZU WISSEN

- Universalerde muss alle zwei Jahre ausgetauscht werden. Durch Zersetzung der organischen Bestandteile schrumpft das Volumen, die Wurzeln trocknen leichter aus.
- Lehmhaltiges Substrat kann lange im Topf bleiben, verliert aber Nährstoffe, geben Sie daher Dünger zu.
- Ergänzen Sie im zweiten Jahr den Nährstoffvorrat oder ersetzen Sie die obere Schicht des Erdballens durch frisches Substrat.
- Falls Sie auf Balkonen und in Dachgärten Sträucher ziehen, können Sie lehmhaltiges Substrat mit Blumenerde mischen, um die Gewichtsbelastung zu senken.

WOHIN MIT DER ALTEN ERDE?

Verbrauchte Topferde aus der Kultur von Blumen (Gut zu wissen, links) kann man im Garten als Mulch oberflächlich aufbringen oder unterharken. Sie enthält zwar nicht mehr viele Nährstoffe, doch sie trägt zur Verbesserung der Gartenerde bei. Falls die Erde Schädlinge wie den Dickmaulrüssler (S. 36) enthalten könnte, breiten Sie sie vor dem Ausbringen auf einer Folie in der Einfahrt oder auf dem Rasen aus, damit Vögel die Schädlinge wegpicken können.

Verbrauchte Erde dient als Mulch oder zur Bodenverbesserung.

TIPP **Zwiebelblumen kann man in Töpfe mit Sträuchern pflanzen. Narzissen eignen sich gut, denn man setzt sie 8 cm tief ein, sodass man sie beim Substrataustausch von oben nicht stört.**

ÜBERWINTERN

Viele mehrjährige Topfpflanzen sind winterhart und brauchen im Winter keine besondere Behandlung. Andere benötigen ein wenig Aufmerksamkeit, damit sie bis zum nächsten Jahr überleben. Dazu gehören Schutz vor Kälte und vor übermäßig nasser Erde. Auch Töpfe muss man vor Frost schützen. Im Winter sammelt man auch abgefallene Blätter auf und reinigt die Bodenbeläge sowie die Töpfe.

Zeitweisen Schutz vor Frost bietet eine Vliesabdeckung während der Wintermonate.

PFLANZEN EINPACKEN

Einige Saisonpflanzen für den Sommer benötigen Schutz vor Frost. Jeder Garten hat eigene Mikroklimata und vor allem in sonnigen Innenhöfen wird es viel weniger kalt als in anderen Gartenbereichen. Mit Ausnahme von sehr kalten Wintern kann dort Frost ausbleiben. Dennoch hält man z. B. Bananen, Vanilleblumen und Begonien im Schutz des Hauses. Der oberirdische Wuchs von Begonien, Dahlien und Canna stirbt ab. Danach kann man die Knollen an einem trockenen, kühlen und frostfreien Platz den Winter über einlagern.

Fuchsien und andere Pflanzen, die Blätter abwerfen, können an einer kühlen Stelle mit etwas Licht überwintern, doch die Erde soll höchstens ein wenig Restfeuchte enthalten. Immergrüne kommen am besten an einen hellen, kühlen Platz – ein Folientunnel oder Gewächshaus wäre ideal. Ein kühler Raum im Haus eignet sich perfekt für kleine Pflanzen und Sukkulenten.

Sukkulenten kommen im Winter auf ein Fensterbrett oder ins Gewächshaus.

WURZELN SCHÜTZEN

Pflanzen in Töpfen sind anfälliger für Frostschäden als jene im Boden, weil der Frost von allen Seiten an die Wurzeln herankommen kann, nicht nur von oben. Damit die Erde nicht durchfriert, rücken Sie die Töpfe nahe ans Haus, wo die Wände Wärme abstrahlen, aber: Gießen nicht vergessen. Sie können auch die Töpfe in Luftpolsterfolie wickeln, aber halten Sie die Oberseite offen, sonst kommt es zu Fäulnis. Mit Vlies können Sie die Pflanzen abdecken. Sie können auch schwarze Müllbeutel mit Zeitungspapier ausstopfen und um die Töpfe binden. Effektiver ist es, den Topf vor dem Befüllen innen mit Luftpolsterfolie auszukleiden. Dies verhindert Auffrieren durch Frost.

Auskleiden mit Luftpolsterfolie schützt den Topf und die Wurzeln der Pflanze.

GUT ZU WISSEN

Für Kletterpflanzen und Stützen:

- Schneiden Sie Kletterpflanzen zurück und reparieren Sie Rankgerüste und Zäune im Winter.
- Kontrollieren Sie Stützstäbe und Bindungen – man muss sie lockern, wenn sich der Stamm verdickt hat, damit sie nicht einschneiden.
- Bambusstäbe faulen am Grund, man muss sie alle zwei Jahre auswechseln.
- Kürzen Sie die Triebe von Rosen und anderen großen Kletterpflanzen ein, um Schäden durch Winterstürme zu verhindern.

Holz isoliert und schützt die Pflanzenwurzeln vor der Kälte.

IMMERGRÜNE SCHÜTZEN

Immergrüne haben im Winter keine richtige Ruhezeit, man muss sie auch in dieser Zeit gießen. Die Pflanzen welken nicht, wenn sie zeitweise trocken stehen, die Symptome treten erst Monate später auf, wenn die Blätter braun werden. Die Töpfe sollte man einpacken, damit die Erde nicht durchfriert, denn dann können die Wurzeln kein Wasser aufnehmen. Hüllen Sie das Blattwerk zum Schutz vor Kälte und austrocknenden Winden mit Vlies ein, das Sie mit Schnüren und Klammern befestigen. Das Vlies bringt man locker und nur für ein paar Wochen auf. Bleibt es länger, kann es im Frühling zum vorzeitigen Austrieb kommen, wodurch die Pflanze für Spätfrostschäden anfällig wird. Damit die Wurzeln keinen Schaden durch Staunässe erleiden, sollte Sie die Untersetzer entfernen.

TIPP Stellen Sie hohe und kopflastige Pflanzen an einen geschützten Platz, damit sie nicht von Stürmen umgeworfen werden, was zu Schäden an Pflanzen und Töpfen führt.

Tontöpfe können splittern und brechen, wenn sie im Winter durchfrieren.

TÖPFE SCHÜTZEN

Es kann teuer werden, wenn im Winter beschädigte Pflanzgefäße ersetzt werden müssen. Lassen Sie leere Töpfe mit Erde nicht draußen stehen. Die gefrierende Erde dehnt sich aus und führt zum Aufspringen von Ton und Keramik. In mit Erde gefüllten Töpfen legen Schnecken auch gern Eier ab oder überwintern an den Topfüberständen.

Ton nimmt Wasser auf und kann beim Frieren springen und abplatzen. Stellen Sie leere Töpfe den Winter über in einen Schuppen oder lagern Sie sie umgedreht unter einer Folie. Leeren Sie hölzerne Behälter. Man kann sie dann in der Winterpause reparieren und mit neuem Anstrich versehen.

KULTURPROBLEME

Gut gegossene und gedüngte Pflanzen sollten wachsen, blühen und gesund bleiben. Manchmal geht aber etwas schief, selbst wenn Sie sich sehr um Ihre Pflanzen bemühen. Zum Beispiel ist das Wetter von Haus aus unberechenbar und die Mikroklimata in verschiedenen Gartenbereichen wirken sich auf die Kultur aus. Zum Glück lassen sich die meisten Probleme mit einfachen Maßnahmen lösen oder verhindern.

Bei deutlichem Wassermangel oder durch austrocknende Winde verbräunen Blattspitzen.

An Geranien kommt es zu Pilzkrankheiten, wenn welke Blüten aufs Laub fallen.

Bekommt der Bambus längere Zeit kein Wasser, werden die Blätter braun.

Begonien reagieren empfindlich auf Frost. Die Blätter werden matschig.

Gelbe ältere Blätter im Sommer deuten auf Nährstoffmangel hin.

SCHÄDEN AN BLÄTTERN

Schäden an den Blättern sind oft ein Anzeichen dafür, dass Pflanzen leiden. Wenn Sie auf wechselnde Blattfärbung achten, erkennen Sie Probleme frühzeitig und können einschreiten.

TROCKENE BRAUNE BLATTSPITZEN und Blattränder treten oft am Japanischem Fächer-Ahorn auf, der unter Wassermangel und kalten Winden zu leiden hatte. Durch Trockenheit können auch ältere Blätter im Zentrum der Pflanze vergilben, verbräunen und abfallen. Schäden entstehen ebenso, wenn bei praller Sonne Wasser auf die Blätter spritzt. Die Tropfen wirken wie ein Brennglas. Gießen Sie deshalb nicht in der Mittagssonne. Bei Spätfrostschäden werde junge Triebe schwarz und faulen.

GELBE FLECKEN ODER STREIFEN
Sie entstehen oft aufgrund einer Virusinfektion. An Lilien, Dahlien und Canna treten oft Viruskrankheiten auf, meist wurden sie durch Blattläuse übertragen (S. 36). Es gibt keine Heilung, man muss die Pflanzen entfernen.

GELBE BLÄTTER können bedeuten, dass die Pflanze mehr Dünger braucht. Kalkfliehende Pflanzen bekommen gelbes Laub mit grünen Adern, wenn sie in alkalischer Erde wachsen. Eisenhaltiger Dünger sorgt für Abhilfe.

SCHÄDEN AN BLÜTEN

Es kann verschiedene Ursachen dafür geben, dass Pflanzen nicht blühen oder Knospen sich nicht entwickeln.

BLÜTENMANGEL kann an zu viel Schatten liegen. Auch ein Schnitt zur falschen Zeit beeinträchtig die Blühleistung. Störungen im Wurzelwerk, wie nach dem Teilen, bedingen eine schwache Blüte. Zu viel Düngung, besonders wenn er stickstoffbetont ist, fördert das Blattwachstum zu Lasten der Blüten.

BLÜTEN- UND KNOSPENFALL wird häufig durch Trockenheit hervorgerufen. Starker Blattlausbefall beeinträchtigt die Entwicklung von Blüten.

Verkrüppelte Blütenknospen an Lilien und Narzissen folgen auf Trockenheit.

Schlechter Wasserabzug führt zu Staunässe, die Wurzeln sterben ab. Die Pflanze vergilbt, verliert Blüten und stirbt.

SCHWACHER WUCHS

Schlechtes Wachstum hängt gewöhnlich mit Wässern und Düngen zusammen. Falls die Pflanzen zwischen zwei Gießintervallen zu sehr austrocknen, haben sie zu kämpfen und wachsen nicht gut. Fehlen Nährstoffe, entwickeln sie sich kümmerlich mit kleinen, blassen Blättern, die oft rötlich überlaufen sind. Oft gibt es Probleme mit der Substratstruktur, vor allem, wenn Universalerde für mehrere Jahre im Topf geblieben ist. Es kommt zu Wurzelproblemen durch Austrocknen im Sommer und Staunässe im Winter. Wird die Erde nicht gewechselt, füllen die Wurzeln den Topf und laugen die Nährstoffe aus.

Nährstoffmangel führt zu schlechtem Wachstum, kleinen und blassen Blättern.

Buchs verbräunt bei Wasser- und Nährstoffmangel. Er erholt sich wieder.

WARUM IST SIE TOT?

Pflanzen sterben aus verschiedenen Gründen ab. Vergewissern Sie sich, dass es sich nicht um eine Einjährige handelt, die im Spätsommer sowieso abstirbt. Pflanzen welken im Sommer, wenn sie austrocknen, und brauchen dann sofort Wasser. Bei Staunässe welken Pflanzen gleichfalls, weil die Wurzeln den Aufwuchs nicht mehr versorgen können. Pflanzen überleben den Winter, sterben aber im Frühjahr ab, wenn Winternässe die Wurzeln geschädigt hat.

GUT ZU WISSEN

- Manche Pflanzen sind anfällig für Krankheiten. Rosen etwa können unter Rost, Sternrußtau (S. 61) und Mehltau (S. 37) leiden. Mehltau tritt auch an Verbenen und Clematis auf.
- Moderne Sorten sind oft widerstandsfähig gegen Krankheiten. Ihre Kultur im Topf verspricht mehr Erfolg.
- Kompakt wachsende Sorten brauchen weniger Schnitt, sie eignen sich für exponierte Plätze.

KRANKHEITEN UND SCHÄDLINGE

An Topfpflanzen treten die gleichen Krankheiten und Schädlinge auf wie auch sonst im Garten. Einige, wie Schnecken, rufen hier weniger ernste Schäden hervor, während andere, besonders Dickmaulrüsslerlarven, in Töpfen mehr Probleme verursachen. Wählen Sie krankheitsresistente Sorten und kontrollieren Sie oft, um frühzeitig einzugreifen.

DICKMAULRÜSSLER

PROBLEM Unregelmäßiger Buchtenfraß entsteht an den Rändern von immergrünen Blättern, z. B. von Schneebällen. Die Pflanzen welken, weil die Larven an den Wurzeln fressen. Hauswurz, Begonien, Fuchsien und Purpurglöckchen sind oft betroffen.
URSACHE Die dunkelgrauen Käfer fressen am Laub und legen im Sommer Eier in die Erde ab. Die geschlüpften Larven fressen Wurzeln bis zum Verpuppen.

GEGENMASSNAHMEN Räumen Sie Pflanzenabfälle in und um die Töpfe weg, damit sich die Käfer nicht verstecken können. Schäden an Immergrünen zeigen die Präsenz an und dass Larven an den Wurzeln fressen. Eine Splittabdeckung verhindert die Eiablage. Bei zusammengebrochenen Pflanzen sammeln Sie die Larven ab. Eine Bekämpfung ist mit parasitischen Nematoden möglich. Die Erde darf nie austrocknen.

ERWACHSENER DICKMAULRÜSSLER

DICKMAULRÜSSLERLARVEN

AMEISEN

PROBLEM Ameisen tragen Blattläuse und Schildläuse auf die Pflanzen, sie stören Erde und Wurzeln, Pflanzen können absterben.
URSACHE Ameisennest in der Erde.
GEGENMASSNAHMEN Weil Ameisen trockene Bedingungen mögen, vertreibt sie bereits häufiges Gießen. Auf der Terrasse hilft Ameisenköder.

BLATTLÄUSE

PROBLEM Grüne, braune oder schwarze Läuse verursachen auf vielen Pflanzen Stauchewuchs, Verkrüppelungen und verbreiten Viruskrankheiten.
URSACHE Blattlauskolonien an Triebspitzen. Gestresste, trocken stehende Pflanzen sind am stärksten betroffen.
GEGENMASSNAHMEN Räuber wie Marienkäfer und Schwebfliegen. Abwischen.

SCHMETTERLINGSRAUPEN

PROBLEM Auf Blättern entstehen unregelmäßige Löcher, oft verbleiben die Blattadern.
URSACHE Viele verschiedene Schmetterlingsraupen fressen an unterschiedlichen Pflanzen.
GEGENMASSNAHMEN Sammeln Sie die Raupen ab, die sich oft untertags verstecken.

LILIENHÄHNCHEN

PROBLEM An Lilienblättern und -knospen wird gefressen, schwarze, schleimige Klumpen an den Trieben.
URSACHE Der leuchtend rote Käfer frisst an Pflanzen, legt Eier ab und hinterlässt Ausscheidungen.
GEGENMASSNAHMEN Sammeln Sie Käfer und Larven ab. Insektizide nur an nicht blühenden Pflanzen einsetzen.

SCHILD- UND WOLLLÄUSE

PROBLEM Blätter werden klebrig. Weiße, wattige Zonen entstehen an Zweigen und Stämmen. Braune Knoten an Stielen und Blattunterseiten.
URSACHE Saugende, unbewegliche Insekten, besonders an Pflanzen mit Wasser- und Nährstoffmangel.
GEGENMASSNAHMEN Absammeln oder notfalls ein systemisches Insektizid einsetzen.

SCHNECKEN

PROBLEM Ganze Bereiche von Blättern und Blüten verschwinden, oft bleiben nur Stiele.
URSACHE Schneckenfraß.
GEGENMASSNAHMEN Beseitigen Sie Pflanzenabfälle. Kontrollieren Sie tagsüber unter und rund um die Töpfe. Decken Sie die Erdoberfläche mit Splitt ab. Kleben Sie Kupferband um die Topfränder.

ECHTER MEHLTAU

PROBLEM Weißer, mehliger Belag erscheint auf Blättern. Er kann schwarz werden. Rosen, Begonien, Verbenen und Clematis sind häufig betroffen.
URSACHE Pilzliche Erkrankung.
GEGENMASSNAHMEN Schlechte Nährstoffversorgung und trockene Wurzeln begünstigen Mehltau. Halten Sie die Erde feucht, sorgen Sie für Luftzug.

RUSSTAU

PROBLEM Schwarzer, klebriger Belag erscheint auf Blättern von Immergrünen und schwächt die Pflanzen.
URSACHE Schild- und Wollläuse scheiden klebrigen Honigtau aus, auf dem sich Schwärzepilze ansiedeln, die kein Licht durchlassen.
GEGENMASSNAHMEN Abwaschen, primären Lausbefall bekämpfen (siehe oben).

Die Höhe und besondere Form einiger Pflanzen machen aus einer einfachen Anordnung ein tolles Arrangement. Keulenlilien und Yuccas heben sich durch ihre spitzblättrigen Konturen ab.

FÜR HÖHE UND STRUKTUR

Bei Anordnungen auf der Terrasse oder im Innenhof fehlt es manchmal an vertikalen oder strukturbildenden Elementen, doch mit ein paar einfachen Ideen bezieht man beide Gesichtspunkte mit ein. Wenn man zum Beispiel in wenige hohe, markante Pflanzen investiert, schafft man Ausgeglichenheit, Spannung und Öffnung nach oben.

DEN BLICK NACH OBEN LENKEN

Straff aufrecht wachsende Pflanzen stehen im Kontrast zu buschigen Gewächsen, dies sorgt für Höhe, Ausgeglichenheit und Struktur auf der Terrasse. Bambus eignet sich in dieser Hinsicht hervorragend, weil er dünne, vertikale Halme in oft faszinierenden Farben mit zierlichen Blättern kombiniert, die sich im sanftesten Windhauch bewegen. Bambus sieht immer elegant aus. Auch Chinaschilf (*Miscanthus sinensis*) wächst als hohes Gras, das im Winter welkt und im Frühjahr zurückgeschnitten wird. Es wirkt besonders schön im Herbst, wenn sich die fedrigen Samenstände entwickeln. Schlanke, hohe Nadelbäume sehen das ganze Jahr über gut aus. Sie wirken gut in formaler Umgebung und rahmen eine Szene ein.

GEGENSÄTZLICHE STRUKTUREN

Wenn es darum geht, mit klaren Strukturelementen zu arbeiten, dann stellen Hochstämmchen mit dem Gegensatz zwischen geraden Stämmen und runden Kronen eine effektvolle Lösung dar. Beliebt sind Lorbeerstämmchen mit einer Stammhöhe von 1–2 m, sie garantieren das ganze Jahr über einen festen Blickfang. Olivenbäume wirken im Vergleich dazu aber lichter, sie tragen ein feineres, gräuliches Blattkleid und passen gut an warme, sonnige Standorte. Auch Harlekin-Weiden werden als Hochstämmchen erzogen. Sie sind zwar nicht immergrün, doch ihre rosa überzogenen Blätter sehen im Sommer gut aus und die Kultur ist einfach.

BLÄTTER IN ALLEN FORMEN

Am zuverlässigsten bringen große Blätter Spannung und Struktur in eine Pflanzengruppe ein. Große Chinesische Hanfpalmen gehören zu den eindrucksvollsten Pflanzen, die man verwenden kann, doch sie brauchen ein paar Jahrzehnte, um eine imposante Größe zu erreichen (sie machen aber auch klein etwas her). Genauso wirken die nicht winterharten Keulenlilien mit ihren Büscheln aus langen, schmalen Blättern sowohl als kleine Pflanzen als auch als hoch aufstrebendes Gewächs einfach fantastisch.

BLUMENROHR *CANNA*

Die hohen Pflanzen wirken markant und bei frostfreier Überwinterung kommen sie im folgenden Jahr wieder. Sie kommen vielleicht nicht immer zur Blüte, doch schon ihre großen, schaufelartigen und bunten Blätter machen etwas her, die leuchtenden Blüten sind ein extra Bonus.

CHARAKTER Nicht winterharte Staude, braucht Schutz unter 7 °C

HÖHE Bis zu 1–2 m im Topf

BREITE Bis zu 1 m im Topf

TOPFGRÖSSE Eine Pflanze pro 30-cm-Topf, drei Pflanzen pro 60-cm-Topf

JAHRESLAUF

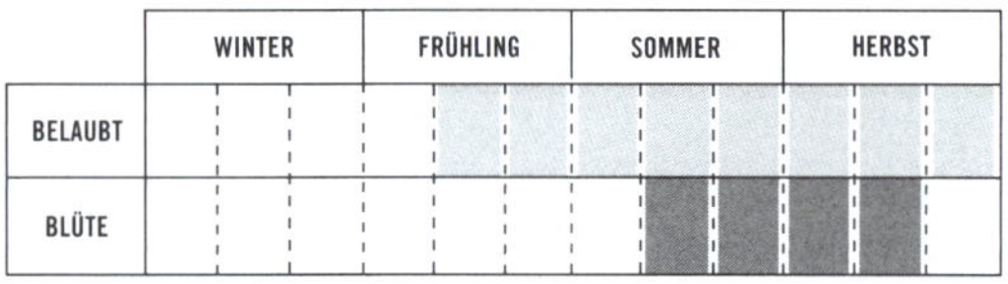

FARBE

BLÄTTER Schokoladenbraun bis grasgrün, oft orangefarben, rosa oder gelb gestreift

BLÜTEN Rosa, dunkelrot, hellrot, orange, apricot, gelb

AUSWAHL

Canna-Sorten gibt es in ganz unterschiedlichen Größen, daher müssen Sie die Höhe mit den Verhältnissen im Garten oder auf der Terrasse abstimmen. Die Pflanzen wachsen aus Rhizomstücken, die im Frühjahr verkauft werden. Wählen Sie welche mit vielen »Augen« (Knospen). Um Zeit und Arbeit zu sparen, können Sie heranwachsende Pflanzen im Gartencenter kaufen.

Tropicanna Gold hat zauberhaft gestreifte Blätter und Blüten in Orange.

Canna indica Tropicanna Gold mit orangefarbenen Blüten ist vielseitig zu verwenden. *C.* × *generalis* Cannova-Serie wächst kompakt und blüht reich.

GUTE PARTNER Blumenrohr wird zum Mittelpunkt einer rötlichen, strahlenden Kombination oder man zieht es neben großblättrigen tropischen Gewächsen. **GROSS** *Cordyline australis*, *Fatsia japonica*, *Trachycarpus fortunei* **MITTEL** *Agapanthus*, *Dahlia*, *Euphorbia characias* **KLEIN** *Heuchera*, *Hosta*, *Yucca*

PFLANZEN

Eingetrocknete Rhizome treibt man in kleinen Töpfen in warmen Innenräumen an. Wenn sie kräftig wachsen, kann man sie nach draußen pflanzen, sobald die Gefahr von Spätfrösten vorüber ist. Diese hungrigen Pflanzen brauchen eine tonhaltige Blumenerde mit Zusatz von Depotdünger. Man setzt sie in die Mitte eines großen Topfes und umgibt sie mit kleineren Pflanzen.

Teilen kann man *Canna* im Frühling. Erste Sätze treiben im Warmen zeitig aus.

KULTUR

Gießen Sie regelmäßig und stoßen Sie das Wachstum ab Ende Juni mit zusätzlicher Flüssigdüngung an. Welke Blüten in den Blütenständen brechen Sie aus, um eine schöne Optik zu bewahren. Wenn am Blütenstand keine neuen Blüten mehr erscheinen, schneiden Sie den ganzen Stängel mit den Blättern ab. Ein neuer Austrieb erscheint, doch es kommen keine Blüten mehr.

PFLEGE *Canna* muss man frostfrei überwintern, man holt die Töpfe ins Haus, der Platz kann dunkel sein. Die Stängel sterben im Winter ab, doch die Rhizome überdauern. Wenn ältere Pflanzen aus ihrem Gefäß herauswachsen, kann man sie im Frühling teilen. Man topft die besten Teile ein, um sie weiterzukultivieren.

KEULENLILIE

CORDYLINE AUSTRALIS

Junge Keulenlilien bilden eine Rosette aus langen, grasartigen Blättern, die bis zu 1 m hoch wird. Mit der Zeit entsteht ein Stamm wie bei Palmen, wenn neue Blätter wachsen und die älteren unten absterben. Probleme gibt es mit diesen nicht winterharten Pflanzen nur durch kalte Winde.

CHARAKTER Immergrüne Staude, verträgt keinen starken Frost, braucht Schutz vor kalten Winden und Winternässe

HÖHE Bis zu 3 m im Topf

BREITE Bis zu 1,5 m im Topf

TOPFGRÖSSE Eine Pflanze pro 30-cm-Topf

☼ ◑

JAHRESLAUF

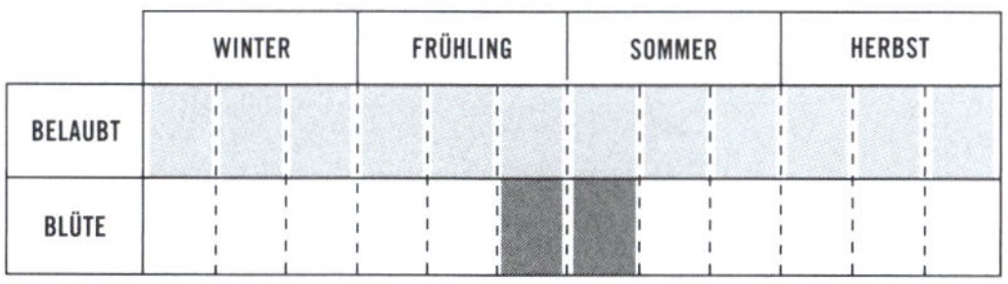

FARBE

BLÄTTER Dunkel-weinrot, bronzefarben, grün gestreift mit korallenrot, gelb, cremeweiß oder silbrig rosa

BLÜTEN Cremeweiß

'Torbay Red' ist in milden Regionen einigermaßen frostverträglich.

AUSWAHL

Keulenlilien kennt man als leicht zu kultivierende Zimmerpflanzen, für die ganzjährige Haltung im Freien eignen sie sich kaum. Ziemlich frostfest ist 'Torbay Red' mit braunroten Blättern. Die Sorte 'Torbay Dazzler' mit panaschierten Blättern braucht einen eher geschützten Standort. Grün- und rotlaubige Keulenlilien werden oft aus Samen gezogen, sie kommen daher wesentlich günstiger als die panaschierten Typen.

GUTE PARTNER Setzen Sie zum stacheligen Umriss andere Texturpflanzen, als Unterpflanzung dienen farbige Blumen. **GROSS** *Fatsia japonica, Laurus nobilis, Musa basjoo* **MITTEL** *Aeonium arboreum, Phormium, Pseudopanax lessonii* **KLEIN** *Astelia chathamica, Osteospermum, Penstemon*

PFLANZEN

Keulenlilien kann man ganzjährig kaufen. Im Freien überwintern können sie nur an einem geschützten Platz. Grünblättrige Sorten vertragen leichten Schatten, doch buntlaubige Formen entwickeln nur in der vollen Sonne ihre Farbkraft.

Die Pflanzen verlangen einen guten Wasserabzug. Verwenden Sie tonhaltige Blumenerde und legen Sie auf den Topfgrund reichlich Tonscherben.

Mit Vlies einhüllen kann man die Blätter, wenn kühle Witterung bevorsteht.

KULTUR

Gießen Sie im Sommer großzügig, aber im Winter sparsam. Düngen Sie von Frühling bis Spätsommer wöchentlich mit Flüssigdünger. Ergänzen Sie im Frühjahr das Substrat oder topfen Sie um. Reife Pflanzen können mit der Bildung eines Blütenstandes überraschen. Abgestorbene oder beschädigte Blätter ziehen Sie an der Basis ab.

PFLEGE Bringen Sie die Töpfe für den Winter an einen vor Frost geschützten Platz im Haus. Zu Fäulnis kann es kommen, wenn sich Regenwasser im Herz der jungen Blätter sammelt. Besteht Nässegefahr bei kühlem Wetter, stellt man die Töpfe vor Regen geschützt auf.

ZIMMERARALIE

FATSIA JAPONICA

Das markante, immergrüne Gewächs mit den großen, glänzenden Blättern zeigt viel Charakter. Es steht in Kontrast zu kleineren Blattschmuckpflanzen. Sowohl junge Pflanzen als auch ältere Exemplare sehen gut aus und man kann sich über ihren Besitz glücklich schätzen.

CHARAKTER Nicht winterharter, immergrüner Strauch, braucht Schutz unter −5 °C

HÖHE 2 m im Topf, ältere Pflanzen auch höher

BREITE 2 m im Topf

TOPFGRÖSSE Eine Pflanze pro 30-cm-Topf. Ältere Pflanzen brauchen einen größeren Topf und benötigen wegen ihres Gewichts eine Stütze

JAHRESLAUF

	WINTER			FRÜHLING			SOMMER			HERBST		
BELAUBT	■	■	■	■	■	■	■	■	■	■	■	■
BLÜTE											■	■

FARBE

BLÄTTER Kräftig grün im Halbschatten, eher gelbgrün in der Sonne

BLÜTEN Weiß

AUSWAHL

Diese Pflanze finden Sie in der Zimmerpflanzenabteilung der Gartencenter. Wegen des weichen, empfindlichen Blattwerks kann die Zimmeraralie nur während des Sommers im Freien stehen. Panaschierte Sorten hellen schattige Innenhöfe auf, etwa 'Spider's Web' mit weiß schattierten Blättern.

Umgeben Sie junge Pflanzen mit hängenden Trieben von Beetpflanzen.

GUTE PARTNER Die herrlichen Blätter beeindrucken immer, sie überzeugen in einem Dschungel von Grünpflanzen. **GROSS** *Laurus nobilis, Musa basjoo, Pseudopanax* **MITTEL** *Euonymus, Phormium, Viburnum* **KLEIN** *Buxus sempervirens, Liriope spicata, Vinca major*

PFLANZEN

Am besten pflanzt man Zimmeraralien zwischen Frühling und Herbst. Wenn sich viele Ableger entwickeln, schneiden Sie bis auf drei alle am Grund ab, sodass sie sich ohne Gedränge entwickeln können. Ältere, große Pflanzen werfen Schatten auf die Topfoberfläche, eine Unterpflanzung ist nicht möglich. Verwenden Sie nährstoffreiche Pflanzerde mit Tonanteil.

KULTUR

Halten Sie die Erde immer feucht, gerade auch im Winter. Die großen Blätter leiten Regenwasser ab, sodass der Topf sogar bei Regenwetter austrocknen kann. Die Pflanze ist zwar zäh, doch sie wächst besser, wenn sie während der Wachstumszeit einmal wöchentlich gedüngt wird. Ab September unterbleibt die Düngung.

PFLEGE Falls die Pflanzen höher als gewünscht wachsen, kappt man im Frühling einfach die Spitzen. Es bilden sich Seitentriebe und es entwickeln sich fülligere, buschigere Pflanzen.

Falls schwarze Früchte gebildet wurden, putzt man sie im Winter oder Frühjahr aus. Zugleich entfernt man alle gelben oder braunen Blätter.

Kürzen Sie die Triebe im Frühjahr ein, damit die Größe überschaubar bleibt.

SÄULEN-WACHOLDER

JUNIPERUS SCOPULORUM 'SKYROCKET'

Schlanke, aufrechte Nadelgehölze setzen ein Statement in jeder Pflanzengruppe. In seinem gegensätzlichen Aspekt lenkt der Strauch die Aufmerksamkeit auf benachbarte Pflanzen, besonders auf jene, die darunter wachsen. Das immergrüne Nadelkleid sieht das ganze Jahr über gut aus.

CHARAKTER Winterharter, immergrüner Strauch

HÖHE Bis zu 2,5 m im Topf

BREITE Bis zu 30 cm im Topf

TOPFGRÖSSE Eine Pflanze pro 30-cm-Topf, alle zwei Jahre umtopfen

JAHRESLAUF

	WINTER	FRÜHLING	SOMMER	HERBST
BELAUBT				
BLÜTE				

FARBE

BLÄTTER Blaugrün

BLÜTEN Unscheinbar

AUSWAHL

Das schmale, aufrechte Nadelgehölz lenkt in jeder Anordnung die Blicke auf sich. Gewöhnlich wird der Strauch mit einer Wuchshöhe von etwa 60 cm verkauft. Weil er schnell wächst, muss man kein größeres, teureres Exemplar kaufen.

Eine ähnlich aussagekräftige Form hat die grünnadelige, aber nicht winterharte *Cupressus sempervirens* Stricta-Gruppe. Für schattige Stellen bieten sich Eiben (*Taxus baccata*) an, etwa die dunkelgrüne Sorte 'Fastigiata' oder die gelbnadeligen 'David' und 'Standishii'.

GUTE PARTNER Die vertikale Linie steht in schönem Kontrast zu rundlichen Blatthügeln, das blaugrüne Laub wird ergänzt durch blaue Blüten.

GROSS *Ficus carica, Melianthus major, Olea europaea* **MITTEL** *Agapanthus, Euphorbia characias, Viburnum tinus* **KLEIN** *Lavandula, Nerine bowdenii*

PFLANZEN

Wichtig ist ein großer, breiter Topf, um der Pflanze Stabilität zu geben. Verwenden Sie tonhaltige Blumenerde, der Sie einen Depotdünger untermischen. Wässern Sie den Wurzelballen vor dem Einpflanzen gut, denn Nadelgehölze sollten nie austrocknen.

Setzen Sie keine anderen hohen Pflanzen in denselben Topf, denn in ihrem Schatten verbräunen die Nadeln. Alle paar Jahre müssen Sie umtopfen.

KULTUR

Die Erde darf niemals austrocknen. Wenn die Pflanzen erst braun werden, lassen sich Probleme aufgrund von Wassermangel nicht mehr beseitigen. Düngen Sie wöchentlich vom Spätfrühling bis zum Spätsommer. Wenn die Pflanze vor einer Mauer oder einem Zaun steht, sollten Sie sie öfter einmal drehen, damit sie gleichmäßig wächst und keinen Schaden erleidet.

Ein aufrechter Wacholder wird in jedem Garten zum Blickfang.

PFLEGE Die Sorte 'Skyrocket' wächst schmal und kommt ohne Schnitt aus. Bei einem Standort im Halbschatten kann der Wuchs locker wirken. Sie können dann einige Zweige mit Schnur zusammenbinden. Bei Trockenheit und Nährstoffmangel verbräunen innere Äste und es kommt zu Schildlausbefall (*siehe S. 37*). Schneiden Sie nicht in altes Holz, die Pflanze treibt nicht mehr aus.

LORBEER *LAURUS NOBILIS*

Das für die Topfkultur äußerst beliebte immergrüne Gewächs bereichert jeden Garten. Die glänzenden, aromatischen Blätter kann man das ganze Jahr zum Gebrauch in der Küche abnehmen. Lorbeer ist anpassungsfähig, robust und vielseitig, aber nicht für raue Lagen geeignet.

CHARAKTER Immergrüner Strauch, braucht Schutz unter –5 °C

HÖHE Bis zu 3 m im Topf, je nach Schnitt und Alter

BREITE Bis zu 2 m im Topf, je nach Schnitt und Alter

TOPFGRÖSSE Eine Pflanze pro 30-cm-Topf, braucht mit der Zeit einen größeren Topf

☼ ◑

JAHRESLAUF

	WINTER	FRÜHLING	SOMMER	HERBST
BELAUBT				
BLÜTE				

FARBE

BLÄTTER Dunkelgrün

BLÜTEN Winzig, gelb

AUSWAHL

Lorbeerbäume kann man als kleine Pflänzchen kaufen, die für die Kultur am Küchenfenster vorgesehen sind, oder als Hochstämmchen bzw. in Kegelform getrimmt. Meist aber handelt es sich um Sämlinge, die sich in Bezug auf die Blattform wenig unterscheiden.

Lorbeerbäume drücken Eleganz und einen formalen Charakter aus.

Kaufen Sie nie Pflanzen, die trocken wirken oder Blätter abwerfen, denn dies weist auf Vernachlässigung hin. *Laurus nobilis* 'Aurea' ist eine hübsche gelblaubige Form.

GUTE PARTNER Lorbeer kann man in vielen Formen erziehen. Frei wachsend entsteht ein ausgezeichneter Hintergrund für auffälligere Pflanzen. Hochstämmchen sorgen für Höhe und Spannung. **GROSS** *Ficus carica, Olea europaea, Wisteria sinensis* **MITTEL** *Agapanthus, Nerium oleander* **KLEIN** *Erysimum, Lavandula, Sempervivum*

PFLANZEN

Die Wurzelballen sind bei gekauften Pflanzen oft stark verdichtet. Vor dem Einpflanzen taucht man sie für eine Stunde in einen Eimer Wasser, um das Substrat zu benässen. Der neue Topf sollte 5–10 cm größer sein als der alte. Mischen Sie Langzeitdünger unter tonhaltige Blumenerde. Geben Sie Hochstämmchen eine Stütze. Die Sorte 'Aurea' darf nicht zu sonnig stehen, weil die Blätter sonst leicht verbrennen.

KULTUR

Halten Sie die Pflanzen das ganze Jahr über feucht und geben Sie vom Frühjahr bis zum Herbst einmal pro Woche Flüssigdünger. Das ist besonders für ältere Pflanzen wichtig, die zu groß sind zum Umtopfen. Wenn er ausgetrocknet war, wirft ein Lorbeer viele Wochen später Blätter ab. Mangelernährte, trockene Pflanzen werden häufig von Schildläusen (*siehe S. 37*) befallen.

PFLEGE Lorbeer verträgt einen Schnitt sehr gut. Damit der Wuchs dicht bleibt, zwicken Sie die noch weichen Spitzen junger Triebe im Frühsommer aus. Es bildet sich neuer Austrieb und die Pflanze wirkt buschiger.

Junge Triebe zwickt man aus, damit die Pflanze kompakt und wuchskräftig bleibt.

CHINASCHILF *MISCANTHUS SINENSIS*

Das hohe elegante Gras, das sich in jeder Brise wiegt, sorgt für Bewegung im Sommer. Die Pflanzen wachsen ab Frühjahr vom Grund her schnell heran und verändern sich mit den Jahreszeiten. Im Herbst bringen sie fedrige Blütenstände hervor, bevor das Laub vergilbt oder sich rostig verfärbt.

CHARAKTER Winterhartes Gras
HÖHE 1–2,5 m im Topf, je nach Sorte
BREITE 75 cm–1,5 m im Topf, je nach Sorte
TOPFGRÖSSE Eine Pflanze pro 30-cm-Topf, braucht mit der Zeit einen größeren Topf
☼ ◑

JAHRESLAUF

	WINTER			FRÜHLING			SOMMER			HERBST		
BELAUBT	■				■	■	■	■	■	■	■	■
BLÜTE										■	■	■

FARBE

BLÄTTER Grün, oft mit weißer Hauptader, manche Sorten panaschiert

BLÜTEN Meist rosa fedrige Rispen, die silbrig welken

AUSWAHL

Kleinere Sorten werden nur 1 m hoch. Dazu zählen 'Gold Bar' mit quer gestreiften Blättern und 'Kleine Silberspinne' mit silbrigen Blütenständen im Herbst. Zu den Riesen gehört 'Malepartus' mit 2,5 m Höhe und rosa Blütenständen im Spätherbst. Ohne genug Dünger und Wasser bleibt das Chinaschilf kleiner. Es wächst auch in Töpfen niedriger als im Boden.

Die Sorte 'Gold Bar' hat leuchtend grüne Blätter mit gelben Querstreifen.

GUTE PARTNER Chinaschilf bringt Textur zwischen bunte Blumen.
GROSS *Canna, Fatsia japonica* **MITTEL** *Hydrangea, Melianthus major* **KLEIN** *Begonia, Fuchsia*

PFLANZEN

In einen Topf kann man das Gras ganzjährig pflanzen. Alle Störungen des Wurzelwerks wie Ausgraben oder Teilen finden nur im Frühling statt. Große, tiefe Töpfe für das umfangreiche Wurzelwerk sind notwendig, um die Standsicherheit zu gewährleisten. Benötigt wird eine nährstoffreiche, tonhaltige Pflanzenerde mit Langzeitdünger.

KULTUR

Jäten Sie und gießen Sie, sobald das Wachstum einsetzt. Im Sommer steigt der Wasserbedarf beträchtlich. Während Hitzeperioden sollten die Töpfe in Untersetzern stehen, damit sie nicht austrocknen. Chinaschilf benötigt normal keine Stütze, doch bei schwachen Halmen sollte man es an einen besser besonnten Platz rücken. Wöchentliche Düngung ab der Sonnenwende regt kräftiges Wachstum an. Pflanzen Sie hohe Sorten nicht an exponierte Stellen, sonst werden sie von Herbststürmen umgeworfen.

Am besten sieht die wüchsige Sorte 'Malepartus' im Spätherbst aus.

PFLEGE Sobald im Herbst das Laub verbräunt, schneidet man die Pflanzen auf die halbe Höhe zurück, um die Gefahr durch Windschäden zu senken. Im Winter sollten Sie die Halmbasen auf Schnecken kontrollieren, die sich gern zwischen alten Blättern verstecken. Schneiden Sie im Frühjahr vor dem Neuaustrieb die Halme auf etwa 10 cm Länge zurück. Teilen dichter Pflanzen nach drei Jahren erhält die Wüchsigkeit.

JAPANISCHE FASERBANANE *MUSA BASJOO*

Jeder Freiraum bekommt mit dieser Pflanze einen tropischen Touch. Als einzige Bananenart erweist sich diese als einigermaßen kältefest, obwohl sie den Winter nicht im Freien verbringen kann. Wenn doch der Haupttrieb erfriert, treiben seitlich neue Triebe aus.

CHARAKTER Nicht winterharte Staude, braucht Schutz unter –5 °C

HÖHE Bis zu 3 m im Topf

BREITE Bis zu 2 m im Topf

TOPFGRÖSSE Eine Pflanze pro 45-cm-Topf braucht nach zwei Jahren einen größeren Topf

☼ ◑

JAHRESLAUF

	WINTER			FRÜHLING			SOMMER			HERBST		
BELAUBT					■	■	■	■	■	■	■	■
BLÜTE									■	■		

FARBE

BLÄTTER Kräftig grün mit khakifarbenem Stamm

BLÜTEN Blass goldgelb

AUSWAHL

Die Japanische Faserbanane wächst zu einer hohen Pflanze mit einem langen Scheinstamm heran, der aus den Resten der Blattscheiden entsteht. Mit den Jahren bildet sie an der Basis neue Triebe, sodass ein ganzes Büschel Blätter entsteht. Durch ihre Kälteverträglichkeit eignet sich diese Art für gemäßigte Regionen auch ganzjährig für draußen.

Zu den Alternativen zählen die kleinere *M. acuminata* 'Dwarf Cavendish' oder die Zierbanane (*Ensete ventricosum*) (*siehe S. 80*). Sie sehen im Sommer im Topf im Freien gut aus, müssen aber den Winter über an einer geschützten Stelle stehen.

Die Blattsegel sorgen für Spannung und Bewegung.

GUTE PARTNER Bananen beherrschen mit ihren großen Blättern jede Pflanzengruppe. Sie wirken großartig in Kombination mit anderen üppigen Gewächsen.

GROSS *Cordyline australis, Melianthus major, Phyllostachys* **MITTEL** *Agapanthus, Nerium oleander, Yucca* **KLEIN** *Aeonium arboreum, Hosta, Lantana camara*

PFLANZEN

Die Pflanze bevorzugt einen sonnigen warmen Platz, entwickelt sich aber auch gut im geschützten Halbschatten. Weil sie hoch wächst, ist sie anfällig für Windschäden, starke Winde können außerdem die großen Blätter einreißen. Vermeiden Sie daher exponierte Stellen. Verwenden Sie tonhaltige Blumenerde und mischen Sie Langzeitdünger unter. Gepflanzt wird zur Wachstumszeit im Sommer, sodass die Wurzeln bis zum Winter genug Zeit haben, um den Wurzelraum auszufüllen.

KULTUR

Die nährstoffbedürftige Pflanze dankt eine gute Versorgung. Die Erde muss immer feucht bleiben, einmal wöchentlich gibt man Flüssigdünger während der Wachstumszeit. Die Höhe der Pflanze hängt von ihrer Ernährung ab.

PFLEGE Entfernen Sie beschädigte und alte, vergilbende Blätter im Sommer – man schneidet sie oben ab und belässt die Blattscheide, die den Stamm verstärkt. Wenn Herbststürme die Blätter geschädigt haben, kappt man sie.

Bei kühler nasser Witterung im Herbst deckt man junge Pflanzen mit Vlies ab, damit kein Wasser darin stehenbleibt. Man kann den Stamm und auch den Topf mit Vlies einpacken, wenn das Gefäß in einer geschützten Ecke im Freien überwintern muss.

Seitentriebe kann man separieren, sobald sie mehrere Blätter haben.

OLIVENBAUM *OLEA EUROPAEA*

Das charakteristische graue Laub erzeugt an sonnigen Tagen einen herrlichen lichten Schatten. Der Baum macht sich gut auf jeder Terrasse, wo man sich im Sommer gern aufhält. Milde Winter haben die Nachfrage erhöht, dadurch gibt es ein großes Angebot an Formen in jeder Preislage.

CHARAKTER Immergrüner Baum, braucht Schutz unter –5 °C

HÖHE Bis zu 3 m im Topf

BREITE Bis zu 3 m im Topf

TOPFGRÖSSE Eine Pflanze pro 30-cm-Topf

JAHRESLAUF

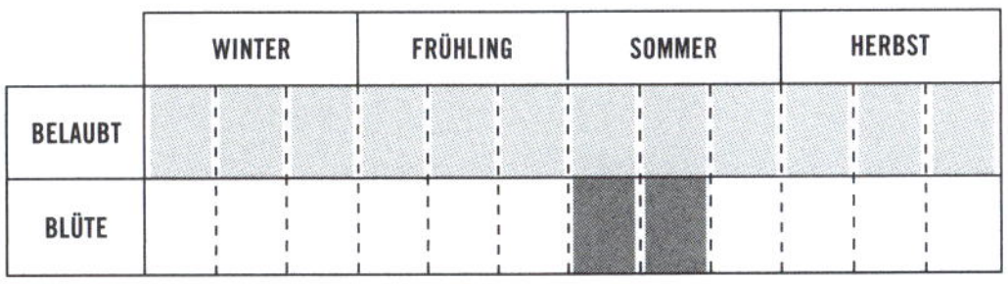

FARBE

BLÄTTER Blattfarbe variiert von Blaugrün bis Silber

BLÜTEN Klein, cremeweiß

Ein großer Olivenbaum zeigt viel Charakter, seine Pflege ist einfach.

AUSWAHL

Ältere Olivenbäume mit dicken Stämmen vertragen Frost gewöhnlich besser als kleine Exemplare. Auch Pflanzen mit schmalen, silbrigen Blättern vertragen Kälte besser als jene mit breiterem, grünerem Laub, fruchten dafür aber nicht so leicht. Kleine Hochstämmchen wachsen nicht mehr zu hohen Bäumen heran, kaufen Sie daher eine Pflanze mit der gewünschten Stammhöhe. Mit den Jahren wird sich die Krone immer breiter entwickeln.

GUTE PARTNER

Oliven kann man gut schneiden, dadurch eignen sie sich für formale Gärten. Das wunderbare silbrige Laub passt gut in mediterrane Gestaltungen. **GROSS** *Chamaerops humilis, Cordyline australis, Laurus nobilis* **MITTEL** *Agapanthus, Choisya, Nerium oleander* **KLEIN** *Lavandula, Pelargonium*

PFLANZEN

Diese Pflanze liebt Wärme, Sonne und guten Wasserabzug. Man pflanzt sie in tonhaltige Blumenerde. Am besten wirken Olivenbäume in Tontöpfen oder Steingefäßen. Unter einem höheren Baum könnten strauchige Aromapflanzen wie Thymian oder Rosmarin wachsen. Sie können die Topfoberfläche auch mit Splitt abdecken.

Aus winzigen, duftenden Blüten entstehen bei Hitze vielleicht Oliven.

KULTUR

Während der Wachstumszeit brauchen Oliven Wasser und Dünger. Ideal geeignet ist zum Beispiel Tomatendünger. Ab September wird nicht mehr gedüngt, damit das Holz ausreifen kann. Für ein gutes Aussehen und um buschigen Wuchs anzuregen, zwickt man im Frühling und eventuell im Sommer junge Austriebe aus oder schneidet sanft. Auch im Winter darf der Ballen nicht austrocknen.

PFLEGE Bei Hochstämmchen entfernen Sie im Sommer alle Austriebe am Stamm. In kühleren Regionen sollte der Baum an einem geschützten Platz stehen, etwa vor einer besonnten Wand. Die Spitzen kleiner Pflanzen sollten Sie mit Vlies abdecken. Im Winter müssen die Pflanzen hell stehen.

BLATTBAMBUS *PHYLLOSTACHYS*

Diese stattlichen Bambusarten eignen sich ideal, um Höhe, Akzente und Eleganz für das ganze Jahr einzubringen. Junge Pflanzen haben noch dünne Halme, doch sie werden höher und augenfälliger. Die Kultur der Pflanzen im Topf macht eine Ausbreitung durch Ausläufer unmöglich.

CHARAKTER Winterhartes, immergrünes, verholzendes Gras

HÖHE Bis zu 2,4 m im Topf, je nach Art

BREITE Bis zu 2 m im Topf, wenn ausgewachsen

TOPFGRÖSSE Eine Pflanze pro 30-cm-Topf, braucht mit zunehmendem Wachstum einen größeren Topf

☼ ◑

JAHRESLAUF

	WINTER	FRÜHLING	SOMMER	HERBST
BELAUBT				
BLÜTE				

FARBE

BLÄTTER Grün, Farbe bringen auch die Halme

BLÜTEN Selten

Die goldenen Halme von *P. aureosulcata* fo. *aureocaulis* wirken aufhellend.

AUSWAHL

Wegen des feinen grünen Laubs und der schwarzen Halme ist *Phyllostachys nigra* die beliebteste Bambus-Art. Leuchtend goldgelbe Halme, mit grünen Stricheln am Grund, hat *P. aureosulcata* fo. *aureocaulis*. Am meisten Wirkung erzielt diese Form, wenn sie im Hintergrund steht.

Die schwarzen Halme von *P. nigra* stehen im Kontrast zum grünen Laub.

Kaufen Sie eingewachsene Pflanzen, denn ein gut entwickeltes Wurzelsystem bildet die Grundlage für gesundes Wachstum.

GUTE PARTNER Bambus eignen sich perfekt für fernöstliche oder minimalistische Gestaltungen. Sie wirken gut neben großenblättrigen Pflanzen. **GROSS** *Fatsia japonica, Laurus nobilis, Pseudopanax lessonii* **MITTEL** *Acer palmatum, Phormium, Viburnum davidii* **KLEIN** *Dryopteris erythrosora, Hakonechloa macra, Sarcococca*

PFLANZEN

Das kräftige Wurzelsystem kann Töpfe sprengen, wenn es mehr Platz braucht. Wenn sich die Rhizome ausbreiten, gehen Kunststofftöpfe öfter kaputt, dann muss man sie aufschneiden. Pflanzen Sie Bambus im Frühjahr in Töpfe mit weiter Öffnung und geradem Rand, das erleichtert das Umtopfen.

Wässern Sie den Ballen vor dem Einpflanzen gut, damit die Pflanze sicher anwächst. Verwenden Sie tonhaltige Blumentopferde und hohe Töpfe.

KULTUR

Die Halme eingewachsener Bambusse können in einem Jahr ihre endgültige Höhe erreichen. Jüngere Pflanzen dagegen schaffen noch nicht so viel und bleiben kleiner. Halten Sie die Erde feucht und düngen Sie, um das Wachstum zu fördern. Ein stickstoffreicher Mehrnährstoffdünger eignet sich am besten. Die Blätter dürfen nicht austrocknen. Sie halten Wind aus, doch sie nehmen durch scharfe Böen Schaden. Neue Blätter erscheinen im Frühling.

PFLEGE Im Herbst kappt man die Spitzen der Halme. Davon werden die Pflanzen buschiger, aber nicht höher. Bei älteren Pflanzen entfernen Sie dünne Halme, weil die dickeren mehr Farbe zeigen. Entfernen Sie die Blätter im unteren Teil der Halme.

SCHEINGINSENG

PSEUDOPANAX LESSONII

Die auffällige Pflanze aus Neuseeland hat ein ledriges Blattwerk, das ganzjährig gut aussieht. Der Strauch wirkt eher wie eine Zimmerpflanze, doch er ist einigermaßen frostverträglich und hat ungewöhnliches Laub. Kleine Blüten mit bescheidener Wirkung erscheinen im Sommer.

CHARAKTER Immergrüner Strauch, braucht Schutz unter –5 °C

HÖHE Bis zu 1,5 m im Topf

BREITE Bis zu 1 m im Topf

TOPFGRÖSSE Eine Pflanze pro 30-cm-Topf, braucht nach zwei Jahren einen größeren Topf

JAHRESLAUF

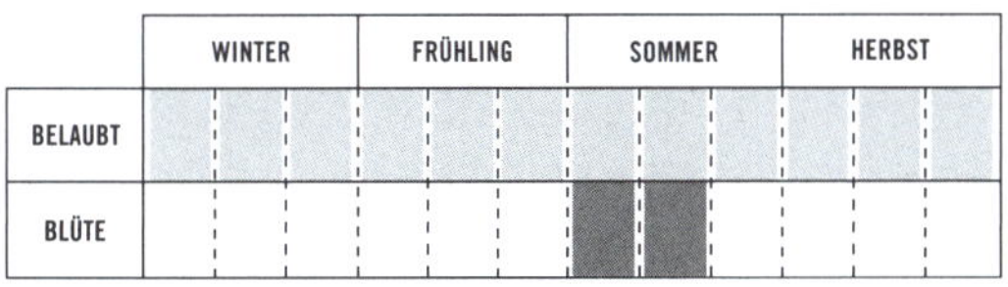

FARBE

BLÄTTER Kräftig grün, gelb gezeichnet

BLÜTEN Grün

'Gold Splash' ähnelt mehr einer Zimmerpflanze als einem Strauch.

AUSWAHL

Pseudopanax lessonii hat dicke, fünflappige, an älteren Pflanzen dreilappige Blätter. Die Triebe sind rot überlaufen. Die Pflanze ist bei uns selten im Handel. Die verbreitete Sorte 'Gold Splash' hat hellere, buttergelb panaschierte Blätter. 'Moa's Toes' wächst aufrecht und bildet dunkelgrüne ornamental wirkende dreilappige Blätter.

GUTE PARTNER Das üppig grüne und glänzende Blattwerk ergibt einen wunderbaren Rahmen für Blumen oder Pflanzen mit zierlichen oder farbkräftigen Blüten oder Blättern. **GROSS** *Ilex aquifolium, Melianthus major, Phormium* **MITTEL** *Agapanthus, Astelia chathamica, Yucca* **KLEIN** *Correa pulchella, Liriope spicata, Nerine bowdenii*

PFLANZEN

Gepflanzt wird in gut dränierte, tonhaltige Blumenerde. Der Anfangstopf sollte nicht zu groß sein, weil die Pflanzen nasse Erde nicht mögen, vor allem nicht im Winter. Junge Pflanzen sind weniger frostverträglich als ältere. Für diese Pflanzen aus Küstenregionen eignen sich sonnige Plätze am besten.

KULTUR

Düngen und gießen Sie im Frühling und Sommer mäßig. Zwicken Sie die Triebspitzen im Sommer für einen buschigen Wuchs aus. Langtriebige Pflanzen schneidet man im Frühjahr, um den Neuaustrieb anzuregen.

Bei Trockenheit und praller Sonne können Blätter vergilben und vorzeitig abfallen. Wenn dies passiert ist, stellen Sie den Topf zur Erholung an einen schattigen Platz und halten Sie die Erde feucht. Büschel von unspektakulären Blüten erscheinen an älteren, ungeschnittenen Pflanzen im Sommer. Daraus entwickeln sich im Anschluss kleine schwarze Beeren.

Aus den winzigen Blüten von *P. lessonii* reifen manchmal schwarze Beeren.

PFLEGE Junge Pflanzen muss man bei kühler Witterung mit Vlies abdecken, doch auch ältere sollten im Haus überwintern. Nach Kälteschäden kann man die Spitzen bis hin zu den unversehrten Blättern abschneiden. Bei älteren Pflanzen haben die Blätter weniger Fiederblätter, doch nach einem starken Rückschnitt erneuert sich das Laub.

HARLEKIN-WEIDE

SALIX INTEGRA 'HAKURO-NISHIKI'

Den ganzen Sommer über schmückt diese kleine Weide mit rosa gefärbtem Austrieb und rosa panaschierten, weißen und grünen Blättern. Der Strauch sollte im Sommer nicht in der Gluthitze stehen, dort verbrennen die Blätter. Er verleiht einer Pflanzgruppe Höhe und Farbe.

CHARAKTER Winterharter, laubabwerfender Strauch

HÖHE Bis zu 1–2 m im Topf

BREITE Bis zu 1 m im Topf

TOPFGRÖSSE Eine Pflanze pro 30-cm-Topf, braucht mit zunehmendem Wachstum einen größeren Topf

☼ ◐

JAHRESLAUF

	WINTER			FRÜHLING			SOMMER			HERBST		
BELAUBT					■	■	■	■	■	■	■	■
BLÜTE												

FARBE

BLÄTTER Leuchtend grün, weiß gefleckt, junger Austrieb rosa überzogen, besonders im Frühjahr

BLÜTEN Unscheinbar

KULTUR

Düngen Sie im Frühling und Sommer wöchentlich, um farbigen Neuaustrieb zu fördern. Wenn die Pflanzen austrocknen, werfen sie die Blätter ab oder der Neuaustrieb verkümmert. Bei Hitze rücken Sie den Topf in den Halbschatten. Schnitt regt Neuaustrieb an.

Neuer rosa Austrieb entsteht nach Rückschnitt im Frühling und Sommer.

PFLEGE Entfernen Sie Bodentriebe, die grüne Blätter bekommen und die Pflanze überwachsen könnten. Solche (zurückgeschlagenen) grünen Triebe können auch an den panaschierten Zweigen erscheinen. Man muss sie entfernen. Füllen Sie im Winter oben frische Erde auf oder topfen Sie alle paar Jahre um, Trockenheit und Nährstoffmangel führen zu schwachem Wuchs. Schneiden Sie nicht ins alte Holz.

AUSWAHL

Die Krone der Harlekin-Weide wird auf einen Stamm aufgepfropft. Weil sie dadurch nicht mehr an Höhe gewinnt, kauft man sie in der gewünschten Höhe. Die Krone wird mit der Zeit aber ausladender. Manchmal gibt es Sträucher ohne Stamm im Angebot, sie entwickeln sich zu niedrigen, buschigen Pflanzen. Die hängende Sorte *Salix caprea* 'Kilmarnock' wird ebenso auf höhere Stämme veredelt, sie hat aber graue Blätter und man schätzt sie vor allem wegen der wuscheligen Kätzchen im Frühling.

Auf den ersten Blick können die neuen Blätter mit Blüten verwechselt werden.

GUTE PARTNER Das helle Laub ergänzt Violett, Silber und Rosa, der Hochstamm bringt ein formales Element ein. **GROSS** *Acer palmatum*, *Clematis* (am Rankgerüst), *Juniperus scopulorum* 'Skyrocket' **MITTEL** *Agapanthus*, *Hydrangea*, *Penstemon* **KLEIN** *Begonia*, *Fuchsia*, *Petunia*

PFLANZEN

Harlekin-Weiden bekommt man das ganze Jahr. Nach dem Einkauf topft man sie in tonhaltige Blumenerde um. Die Erde dieser schnell wachsenden und durstigen Pflanzen darf nie austrocknen, setzen Sie daher keine Konkurrenten um Wasser darunter. Mulchen Sie die Topfoberfläche stattdessen mit Holzschnitzel oder Splitt.

CHINESISCHE **HANFPALME**

CHINESISCHE HANFPALME

TRACHYCARPUS FORTUNEI

Die zähen Blätter der Chinesischen Hanfpalme bewegen sich raschelnd im Wind. Kleine Pflanzen ohne Stämme sehen hübsch in kleinen Töpfen aus, doch ältere Pflanzen erzielen einen viel größeren Effekt. Auffällige Büschel cremeweißer Blüten erscheinen im Sommer.

CHARAKTER Nicht winterharter, immergrüner Baum

HÖHE Bis zu 3 m im Topf, wächst langsam und die Stammentwicklung dauert lange

BREITE Bis zu 1 m im Topf

TOPFGRÖSSE Eine Pflanze pro 30-cm-Topf, braucht nach zwei Jahren einen größeren Topf

JAHRESLAUF

	WINTER			FRÜHLING			SOMMER			HERBST		
BELAUBT	x	x	x	x	x	x	x	x	x	x	x	x
BLÜTE							x	x				

FARBE

BLÄTTER Sattgrün

BLÜTEN Cremefarben, winzig, aber in Massen

AUSWAHL

Chinesische Hanfpalmen werden üblicherweise als Sämlinge mit unreifem Blattwerk und ohne Stamm verkauft. Die Jungpflanzen geben einem keine rechte Vorstellung von der Pflanze, deren Blätter einen Meter Länge erreichen können, doch alte Pflanzen mit Stamm sind teuer. Wenn Sie eine ähnliche Palme suchen, die besser an windige Plätze passt, könnten Sie es mit *Trachycarpus wagnerianus* versuchen. Diese Art hat kleinere Blätter.

Hanfpalmen können bei geschützter Überwinterung Jahrzehnte alt werden.

GUTE PARTNER Diese Fächerpalme bildet einen Kontrast zu den meisten Pflanzen und harmoniert mit ähnlichen. **GROSS** *Canna, Fatsia japonica, Miscanthus sinensis* **MITTEL** *Astelia chathamica, Melianthus major, Phormium* **KLEIN** *Agapanthus, Choisya, Correa pulchella*

PFLANZEN

Nach dem Erwerb topft man sie in einen etwas größeren Topf in tonhaltige Blumenerde um. Pflanzen Sie darunter keine konkurrierenden Pflanzen. Topfen Sie alle zwei Jahre in einen größeren Topf um. Weil sie sich leicht umtopfen lassen, bedeutet die Anschaffung großer Palmen kein Risiko.

KULTUR

Halten Sie die Erde die ganze Zeit über leicht feucht. Ein geschützter Platz sorgt für ein gutes Wachstum. Da es sich nicht um ein Wüstengewächs handelt, verträgt die Palme ein Austrocknen nicht. Man gibt wie üblich einmal wöchentlich Flüssigdünger. Das Wachstum ist zunächst sehr langsam – es dauert ein Jahrzehnt, bis sich ein ordentlicher Stamm entwickelt.

PFLEGE Mit dem Alter verändert sich die Blattstellung von überhängend zu hängend. Diese unteren, älteren Blätter kann man abschneiden, um Platz zu gewinnen. Vergilbte oder verbräunte Blätter schneidet man nah am Stamm ab. Für die Wintermonate müssen Pflanze und Topf gut mit Vlies eingepackt werden.

Vergilbte Blätter schneidet man ab, dadurch wird der faserige Stamm sichtbar.

Clematis oder Waldreben gehören zu den beliebtesten Pflanzen. Die Blüte kann prächtig ausfallen und mit ein wenig Aufwand in Sachen Aufleiten und Pflege beweisen Sie gärtnerisches Geschick.

FÜR MAUERN, ZÄUNE, RANKGERÜSTE

Kletterpflanzen erschließen die dritte Dimension und damit können Sie senkrechte Oberflächen aufwerten. Immergrüne schaffen einen dauerhaften Vegetationsschirm und auffällig blühende heben Blumentöpfe stärker hervor.

SCHNELLE BEDECKUNG

Zum schnellen Bedecken von Mauern und Zäunen eignen sich Einjährige am besten. Duft-Wicken, die man im Frühling sät, wachsen schnell. Sie brauchen die Samen nur in die Endtöpfe zu stecken. Trichterwinden wachsen genauso schnell. Wegen ihrer himmelblauen Blüten lohnt es sich, sie jedes Jahr neu zu säen. Glyzinien sind bekannt für ihr zügiges Wachstum, aber Sie müssen schon ein Weilchen auf Blüten warten. Clematis zeigen bald Erfolg: Einige bilden mehrere Meter lange Triebe in einem Jahr. Die meisten blühen wenige Monate nach der Pflanzung und werden jedes Jahr schöner.

DUFTENDE BÖGEN

Einige der herrlichsten Sommerdüfte stammen von Kletterpflanzen. Die beliebten und hübschen Duft-Wicken gibt es in vielen Farben für jeden Geschmack und sie duften göttlich. Von Rosen kann man Farbe und ebenso Duft erwarten, auch sie blühen bald nach dem Pflanzen. Wenn Sie ein paar Jahre auf Blüten warten können, ist eine Glyzinie eine gute Wahl. Ihre wunderbaren Blüten duften stark, wenn sie von einer Pergola oder einer besonnten Wand herabhängen. Der Sternjasmin gefällt fast jedem. Die Pflege der immergrünen, aber nicht ganz frostharten Pflanze ist einfach und die Blüten, die den ganzen Sommer über erscheinen, duften abends besonders – dann wenn Sie sich im Garten erholen und sich unterhalten wollen.

BLÜTENTÜRME

Rankgerüste an einer Mauer oder Drähte am Zaun sorgen für Halt, sodass eine blühende Kulisse entstehen kann. Von den überaus beliebten Clematis gibt es eine unüberschaubare Variationsbreite in Bezug auf Farben und Formen. Clematis mit großen, sternförmigen Blüten, die im Sommer blühen, erfreuen sich besonderer Beliebtheit. Doch andere Sorten gedeihen ebenfalls im Topf. Spezielle Patio-Kletterrosen bleiben klein und blühen den Sommer über von unten nach oben auf. Für einen zusätzlichen vertikalen Effekt kann man sie an Obelisken aus Metall im Topf erziehen.

CLEMATIS *CLEMATIS*

Die prachtvollen Blüten der allgemein beliebten Clematis sorgen den ganzen Sommer über für Farbe. Es gibt sie in bemerkenswerter Vielfalt, angefangen bei kleinen, nickenden Glöckchen bis hin zu großen Sternen. Die Pflanzen können Wände, Zäune oder Obelisken überziehen.

CHARAKTER Winterharte, verholzende Kletterpflanze

HÖHE 75 cm–2 m im Topf

BREITE 60 cm–1 m im Topf

TOPFGRÖSSE Eine Pflanze pro 30-cm-Topf

JAHRESLAUF

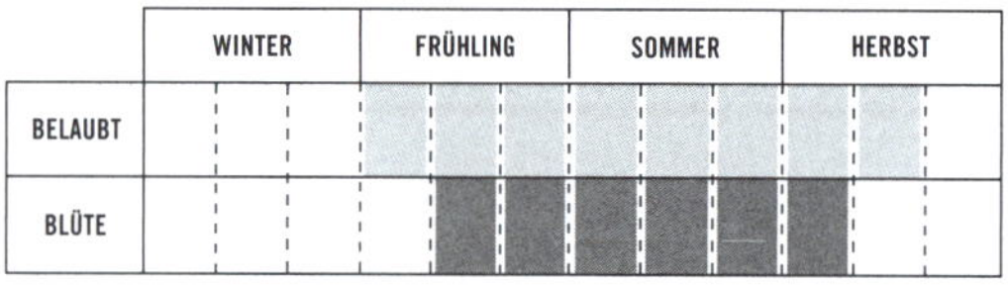

FARBE

BLÄTTER Grün

BLÜTEN Weiß, rosa, lila, violett, blau, rot oder gelb

Großblütige Clematis bringen im Sommer Farbe an schattige Wände.

AUSWAHL

Clematis werden in drei Gruppen unterteilt: Hauptblütezeit im Frühling (Gruppe 1), Großblütige mit Hauptblütezeit im Sommer (Gruppe 2), im Spätsommer Blühende (Gruppe 3). Zu den im Frühling Blühenden zählt *Clematis montana*, die aber zu groß für Töpfe ist. Dafür haben *C. alpina* und *C. macropetala* reizende nickende Blüten.

Zu den Großblütigen mit Hauptblütezeit im Sommer gehören viele verschiedene Sorten, etwa 'Nelly Moser' mit rosalila Blüten.

Die im Spätsommer Blühenden schließen die Viticella-Gruppe ein, die eine Vielzahl kleiner Blüten hervorbringt, etwa die Sorte 'Purpurea Plena Elegans' mit violetten Blüten.

Zusätzlich sind inzwischen kompakt wachsende Patio-Sorten erhältlich, darunter die Boulevard-Serie, die über einen langen Zeitraum im Sommer große Blüten zeigt. Dazu gehört die silbrig rosa FILIGREE, die blassblaue CHELSEA, die dunkelblaue OLYMPIA, die gefüllte violette DIAMANTINA sowie die gefüllte violette THUMBELINA. Unter den nicht kletternden, staudigen Clematis gibt es wertvolle Hybriden, die ungefähr 1 m hoch wachsen, etwa die indigoblaue PETIT FAUCON, die rosa 'Alionushka' und die lila 'Arabella'.

GUTE PARTNER Clematis bedecken Zäune und Mauern, können aber auch an den Trieben von Sträuchern geleitet werden. Kompakte Exemplare lässt man über den Topfrand hängen.
GROSS *Olea europaea*, *Salix integra* 'Hakuro-nishiki', *Wisteria* **MITTEL** *Choisya*, *Melianthus major*, *Phormium* **KLEIN** *Hosta*, *Osteospermum*, *Penstemon*

Staudige Clematis wie PETIT FAUCON eignen sich perfekt für Obelisken.

PFLANZEN

Clematis kann man fast immer pflanzen, doch am besten eignet sich der Austriebsbeginn im Frühjahr. Die Pflanzen bevorzugen kühles, feuchtes Substrat und einen tiefen Topf. Verwenden Sie tonhaltige Kübelpflanzenerde und setzen Sie die Pflanze ein wenig tiefer ein als zuvor. Wässern Sie vor dem Einpflanzen gut und danach erneut, damit sich die Erde setzt.

Passen Sie beim Ablösen vom Stützstab und beim erneuten Anbinden gut auf, denn die Triebe brechen leicht ab. Wählen Sie Pflanzen mit vielen Trieben, damit Sie bald ein kräftiges buschiges Gewächs haben.

Binden Sie Neuaustriebe an, damit sie bei Wind nicht brechen.

Beim Einkauf achten Sie auf Pflanzen mit mehreren Austrieben.

KULTUR

Clematis halten sich an Stützen fest, doch sicherer ist es, man bindet die Haupttriebe an, damit sie nicht knicken. Schnecken machen sich über junge Triebe her, man muss sie frühzeitig schützen (*siehe S. 37*). Die Erde muss immer feucht bleiben. Trockene Wurzeln begünstigen Echten Mehltau an den Blättern. Es beginnt mit einem staubigen Belag, später werden die unteren Blätter schwarz.

Geben Sie Langzeitdünger und düngen Sie zur Blütezeit ab Hochsommer wöchentlich flüssig. Der Wurzelballen muss kühl stehen. Stellen Sie Schatten spendende Töpfe davor auf.

Bei Trockenheit werden die Blätter mitunter von Echtem Mehltau befallen.

PFLEGE Der Schnitt ist der Schlüssel für den Kulturerfolg. Im Frühjahr blühende Clematis schneidet man gleich nach der Blüte, dabei entfernt man einige der Triebe vom Vorjahr, vielleicht sogar die meisten. Der Neuaustrieb muss dann immer wieder aufgebunden werden. Ein jährlicher Schnitt ist nicht nötig.

Bei großblütigen, im Sommer blühenden Clematis kürzt man die Triebe im Frühling um etwa die Hälfte ein. Man schneidet auf ein Paar kräftiger Knospen zurück. Schneidet man zu stark zurück, etwa bei vernachlässigten Pflanzen, unterbleibt die nächste Blüte.

Schneiden Sie großblütige Sorten im Frühjahr auf kräftige Knospen zurück.

Spät blühende Formen schneidet man im Frühling bis auf 20 cm Länge stark zurück, um einen Austrieb von unten her anzuregen, damit lange Triebe mit Blüten an den Enden entstehen.

Moderne Patio-Clematis schneidet man jedes Jahr im Frühjahr stark zurück. Sie werden vom Sommer bis in den Herbst hinein blühen. Staudige Clematis blühen an den diesjährigen Trieben, man schneidet sie im Frühjahr nah am Boden ab.

Die Pflanzen brauchen keinen Schutz vor Kälte, doch sie müssen feucht bleiben. Großblumige Sorten sind anfällig für die Clematiswelke, die zu welken Trieben und schwarzen Blättern führt. Sie tritt nur über dem Erdboden auf, daher kann sich eine Pflanze aus tief eingegrabenen, schlafenden Knospen wieder erneuern, um zu blühen.

Nicht angebundene oder schlecht gestützte Pflanzen können plötzlich welken.

KOLCHISCHER EFEU

HEDERA COLCHICA

Dieser Efeu mit seinen markanten Blättern, der an Fassaden emporklimmt, kommt gerade im Winter gut zur Geltung. Blüten und Früchte sind wertvoll für die Tierwelt.

CHARAKTER Selbstklimmende, winterharte, immergrüne Kletterpflanze

HÖHE 3 m im Topf, ältere Pflanzen auch höher

BREITE 3 m im Topf, ältere Pflanzen auch breiter

TOPFGRÖSSE Eine Pflanze pro 30-cm-Topf, braucht nach ein paar Jahren einen größeren Topf

JAHRESLAUF

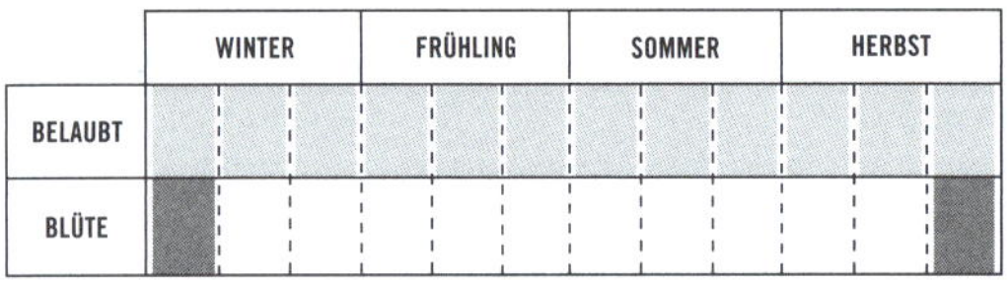

FARBE

BLÄTTER Dunkelgrün, oft panaschiert

BLÜTEN Klein und grünlich gelb, schwarze Steinfrüchte

Die panaschierten Blätter hellen selbst dunkle Mauern und Zäune auf.

AUSWAHL

Am häufigsten werden panaschierte Sorten von diesem großen Efeu kultiviert: 'Dentata Variegata' mit buttergelben Blatträndern ist die bekannteste. 'Sulphur Heart' mit leuchtend gelber Blattmitte und grünrandigen Blättern kann fantastisch aussehen. Bei beiden Sorten können die Blätter 20 cm lang und 15 cm breit werden. Manchmal legen die Pflanzen in einem Jahr um 60 cm zu, doch Schnitt bändigt sie.

GUTE PARTNER Durch die großen, glänzenden Blätter wird der Kolchische Efeu zum üppigen Hintergrund für andere Immergrüne und ebenso für leuchtende Blumen.
GROSS *Acer palmatum*, *Musa basjoo*, *Phyllostachys* **MITTEL** *Buxus sempervirens*, *Camellia*, *Viburnum davidii* **KLEIN** *Dryopteris erythrosora*, Hänge-Fuchsie, *Hosta*

PFLANZEN

Efeu klettert an jeder Oberfläche, daher müssen Sie sich überlegen, wie Sie den Topf umstellen werden oder das Umtopfen bewerkstelligen. Die Pflanze kann an einer freistehenden Stütze wachsen, und weil sie Schnitt verträgt, kann man sie auf verschiedene Weise erziehen. Pflanzen Sie in tonhaltige Kübelpflanzenerde, lösen Sie die Bindung am Stützstab, schlingen Sie die Triebe wie gewünscht um die Stütze.

KULTUR

Damit er schön bleibt, muss die Erde immer feucht sein und darf nicht austrocknen. Dies ist auch im Winter wichtig. Wegen des dichten Laubs erreicht der Regen den Wurzelballen meist nicht. Düngen Sie einmal wöchentlich, sofern Sie im Frühjahr keinen Langzeitdünger gegeben haben.

PFLEGE Schneiden Sie zwischen Winter und Hochsommer regelmäßig, um die Größe zu beschränken und damit die Pflanze buschig bleibt. Es können reingrüne Triebe erscheinen, die man ausschneidet. An älteren Pflanzen können Schildläuse (S. 37) auftreten.

Schneiden Sie mehrmals im Jahr, damit z. B. Regenrinnen frei bleiben.

KLETTER-HORTENSIE

HYDRANGEA ANOMALA

Diese Kletterpflanze wächst im Schatten. Die Blätter sind im Frühling leuchtend grün, im Herbst nehmen sie eine buttergelbe Färbung an. Die zierlichen spitzenartigen Blütenstände schmücken hellbraun verfärbt im Winter.

CHARAKTER Winterharter Kletterstrauch, hält sich an Mauern und Zäunen mit Haftwurzeln fest

HÖHE 2 m oder mehr im Topf

BREITE 2 m oder mehr im Topf

TOPFGRÖSSE Eine Pflanze pro 30-cm-Topf, braucht nach ein paar Jahren einen größeren Topf

JAHRESLAUF

	WINTER			FRÜHLING			SOMMER			HERBST		
BELAUBT					■	■	■	■	■	■	■	■
BLÜTE						■	■					

FARBE

BLÄTTER Leuchtend grün, buttergelb im Herbst

BLÜTEN Cremeweiß

Kletter-Hortensien wachsen erst langsam, später bedecken sie große Flächen.

AUSWAHL

Die ansehnlichen, herzförmigen Blätter und die auffälligen cremeweißen Blütenstände ergeben einen ausgezeichneten Überzug für Mauern und Wände. Einige Sorten wirken heller, etwa 'Mirunda' mit gelb gerandeten Blättern im Sommer.

GUTE PARTNER Die zarten Blütenstände treten neben blassgrünen Nachbarn und elegantem Laub hervor. **GROSS** *Clematis, Hedera colchica, Phyllostachys* **MITTEL** *Camellia, Euonymus fortunei, Viburnum* **KLEIN** *Heuchera, Hosta, Vinca major*

PFLANZEN

Kletter-Hortensien halten sich mit Haftwurzeln an ihrer Unterlage fest. Sie haften daher an Wänden und Zäunen, sodass es Probleme beim Umtopfen geben kann. Die Pflanze wächst auch gut an einem hölzernen Obelisk oder an einem Rankgitter. Man pflanzt in tonhaltige Kübelpflanzenerde und hält den Ballen feucht. Legen Sie beim Einpflanzen die Triebe flach auf den Boden, damit viele Neuaustriebe einen buschigen Wuchs erzeugen.

KULTUR

Zu Beginn wächst die Pflanze langsam. Gießen und düngen Sie während der Wachstumszeit einmal wöchentlich und geben Sie nicht auf. Im zweiten Jahr wird die Pflanze zu klettern beginnen und kann jedes Jahr bis zu 60 cm lange Triebe bilden. Man muss sie anbinden, bis sie von selbst haften.

PFLEGE Die Pflanze wird blühen, nachdem sie zwei oder drei Jahre lang kletternde Triebe ausgebildet hat. Im rechten Winkel zum Haupttrieb entstehen Kurztriebe, an denen sich über mehrere Jahre hinweg Blüten bilden, daher darf man sie nicht schneiden. Ein Rückschnitt kann im Sommer oder Winter erfolgen. Steht die Pflanze im größtmöglichen Topf, bringen Sie von oben Erde auf. (S. 31).

Haftwurzeln an den Trieben ermöglichen das Festhalten an der Unterlage.

HIMMELBLAUE **PRUNKWINDE**

IPOMOEA TRICOLOR

Die schnell wachsende einjährige Kletterpflanze trägt große, himmelblaue Blüten. Jede Blüte hält nur einen Tag lang, sie öffnet sich am Morgen und schließt sich bis zum Nachmittag, an trüben Tagen später. Die Blütezeit hält monatelang an, mit frischen Blüten jeden Morgen.

CHARAKTER Frostempfindliche, einjährige Kletterpflanze. Sie hält sich nicht an Wänden oder Zäunen fest, man muss sie an Stützen oder Stäbe anbinden. Braucht Schutz unter 5 °C

HÖHE Bis zu 2 m im Topf

BREITE Bis zu 1 m im Topf

TOPFGRÖSSE Drei Pflanzen pro 30-cm-Topf

JAHRESLAUF

	WINTER			FRÜHLING			SOMMER			HERBST		
BELAUBT					■	■	■	■	■	■	■	
BLÜTE								■	■	■	■	

FARBE

BLÄTTER Hellgrün, herzförmig

BLÜTEN Klares Himmelblau mit weißer Mitte

Die kälteempfindlichen Sämlinge brauchen einen warmen, sonnigen Platz.

AUSWAHL

Die Himmelblaue Prunkwinde (*Ipomoea tricolor*) ist eine weitverbreitete Art. Sie besitzt üppiges Blattwerk und trichterförmige Blüten. Mit ihrer Ausdrucksstärke scheint sie ideal für Wände und Zäune.

Andere Farben liefern zum Beispiel 'Crimson Rambler' mit schönen kirschroten und weißen Blüten oder 'Grandpa Ott' mit violetten Blüten. Letztere ist kälteempfindlich und sät sich manchmal selbst aus. *I. alba* wächst kräftiger und hat große weiße, duftende Blüten, die sich nachts öffnen.

Jeden Morgen leuchten von Neuem die intensiv blauen Blüten auf.

GUTE PARTNER Die auffälligen Blüten stehen in schönem Kontrast zu grauen oder gelben Blättern und Blüten. **GROSS** *Canna, Clematis, Laurus nobilis* **MITTEL** *Euphorbia characias, Melianthus major, Nerium oleander* **KLEIN** *Fuchsia, Lantana camara, Osteospermum*

PFLANZEN

Die Anzucht aus Samen gelingt leicht, die Pflanzen blühen innerhalb von drei Monaten. Um die Keimung zu beschleunigen, legt man die Samen über Nacht in Wasser ein. Man legt zwei Samen in einen 8-cm-Topf in etwa 1 cm Tiefe ab. Die Temperatur im Vermehrungskasten beträgt rund 20 °C. Sämlinge erscheinen innerhalb von drei Wochen. Bei zu viel Gießen und kühlen Temperaturen vergilben die Blüten und der Neuaustrieb wird weiß.

KULTUR

Ab einer Höhe von 30 cm brauchen die Sämlinge einen Stützstab. Man kann sie in Töpfe im Freien pflanzen, wenn die Spätfrostgefahr vorüber ist. Prunkwinden brauchen zum Gedeihen eine feuchte, nährstoffreiche Erde und Wärme. Pflanzen Sie sie daher in Töpfe mit frischer Erde an einen sehr warmen, geschützten Platz. Eingewachsene Pflanzen wachsen schnell und ranken sich um ihre Stützen. Sie müssen eine stattliche Länge erreichen, bevor sie zu blühen beginnen.

PFLEGE Zwicken Sie die Triebspitzen aus, bevor sie die Höhe der Stütze erreicht haben. Dies fördert buschigen Wuchs und Blühwilligkeit. Geben Sie wöchentlich phosphorbetonten Dünger und halten Sie die Erde immer feucht. Welke Blüten fallen von selbst ab.

DUFTWICKE *LATHYRUS ODORATUS*

Diese sommerlichen Prachtexemplare mit ihrem herrlichen Duft sind einfach in der Kultur. Sie ergeben auch einen wunderbaren Vasenschmuck für drinnen. Unter den vielen verschiedenen Formen finden sich Zwergsorten für Hängekörbe oder hohe Kletterpflanzen für Rankgerüste.

CHARAKTER Einjährige Kletterpflanze, muss an Stützen oder Stäbe angebunden werden

HÖHE Bis zu 2 m im Topf

BREITE Bis zu 60 cm im Topf

TOPFGRÖSSE Drei Pflanzen pro 30-cm-Topf, kann mit anderen Einjährigen zusammen in einem größeren Topf stehen

JAHRESLAUF

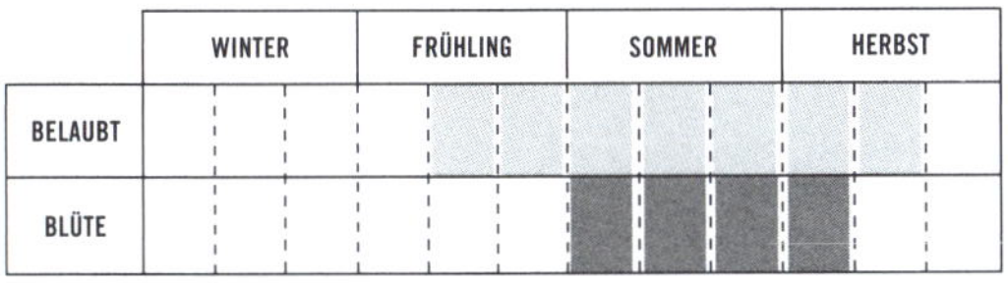

FARBE

BLÄTTER Gräulich grün

BLÜTEN Weiß, cremefarben, rosa, rot, violett (fast schwarz), blaulila (nicht klarblau)

Schneiden Sie Blüten häufig, das regt zur weiteren Blütenbildung an.

AUSWAHL

Für Töpfe eignen sich am besten die alten Grandiflora-Typen. Sie wachsen kompakt, haben kleine Blätter und kleine, stark duftende Blüten. Dazu gehören die Sorten 'Cupani', 'Matucana' und 'Painted Lady'. Die großblütigen Spencer-Typen wachsen höher und lassen sich nicht so leicht an einem Obelisk erziehen, doch die langstieligen Blüten eignen sich besser für den Schnitt. Verwechseln Sie Duftwicken nicht mit der Staudenwicke (*Lathyrus latifolius*), deren Blüten nicht duften.

GUTE PARTNER Man kann Duftwicken durch Sträucher hindurch und entlang von Mauern, Zäunen und Rankgerüsten wachsen lassen, damit sie Farbe und Duft bringen. **GROSS** *Clematis*, Kletterrosen, *Trachelospermum jasminoides* **MITTEL** *Canna*, *Nerium oleander*, *Olea europaea* **KLEIN** *Alstroemeria*, *Heliotropium arborescens*, *Petunia*

PFLANZEN

Die Kultur beginnt im Gewächshaus oder auf dem Fensterbrett. Man könnte schon im Herbst säen, doch einfacher ist es, dies im Frühling zu tun. Die Keimung wird erleichtert, wenn Sie die Samenschale an der dem Auge gegenüberliegenden Seite anritzen. Legen Sie zwei oder drei Samen etwa 1 cm tief in einem 8-cm-Topf ab. Halten Sie alles feucht und über 10 °C. Bis zur Keimung vergehen zwei oder drei Wochen.

Sämlinge hält man an einem kühlen, hellen Platz, damit sie gesund bleiben.

KULTUR

Sobald die Pflänzchen vier oder fünf Blätter haben, zwickt man die Triebspitzen aus. Dies fördert die Verzweigung und die Wuchskraft. Wenn die Seitentriebe 8 cm lang sind, kann man die Pflanzen ins Freie setzen, sie vertragen leichten Frost. Anfangs muss man sie aufbinden, später sorgen die Ranken für Halt. Halten Sie die Erde feucht und düngen Sie einmal wöchentlich. Achten Sie auf Blattläuse an den Triebspitzen, die Viren verbreiten.

PFLEGE Die Erde darf nie austrocknen, sonst fallen die Blütenknospen ab und es entwickelt sich Mehltau (S. 37). Entfernen Sie welke Blüten. Für die Vase schneiden Sie nur geöffnete Blüten, die Knospen öffnen sich später nicht mehr.

ROSE *ROSA*

Diese klassischen Pflanzen bringen mit ihrem feinen Laub und den herrlichen Blüten Schönheit, Farbe und Duft in den Garten. Sie blühen vom Sommer bis zum Herbst und weil sie hoch wachsen, verkleiden sie Mauern und Zäune. Neuere pflegeleichte Patio-Rosen wachsen kompakt.

CHARAKTER Winterharter, laubabwerfender Strauch

HÖHE 1–2 m im Topf

BREITE 60 cm–2 m im Topf

TOPFGRÖSSE Eine Pflanze pro 30-cm-Topf

☼

JAHRESLAUF

	WINTER			FRÜHLING			SOMMER			HERBST		
BELAUBT				■	■	■	■	■	■	■	■	■
BLÜTE							■	■	■	■		

FARBE

BLÄTTER Sattgrün

BLÜTEN Weiß, rosa, rot, orange, gelb, violett

Graham Thomas wächst hoch und trägt große, gefüllte, duftende Blüten.

AUSWAHL

Die herkömmlichen Kletterrosen und die Rambler wachsen meist sehr hoch und haben kahle untere Äste. Das passt zwar gut in den Hintergrund einer Rabatte, wo andere Pflanzen die blattlosen Triebe verdecken, doch für einen Topf auf der Terrasse sind sie nicht ideal. Besser eignen sich Patio-Rosen, die eine Fülle an kleinblättrigem Laub und viele Blüten tragen. Sie empfehlen sich auch, wenn der Platz ein Thema ist.

Zu den wirklichen Patio-Rosen gehören Laura Ford mit goldenen Blüten, Warm Welcome mit orangefarbenen, Love Knot mit roten und Open Arms mit rosa Blüten. Onward and Upward blüht in Lachsrosa. Diese Pflanzen werden etwa 2 m hoch und 60 cm breit, sie duften leicht. Pink Skyliner bringt zahlreiche hellrosa Blüten an weichen Trieben, duftet aber minimal.

Auch hohe Strauchrosen verkleiden Mauern und Zäune, zumal die einseitige Lichtquelle ihren Wuchs in die Länge zieht. Rhapsody in Blue und die gelbblütige Graham Thomas eignen sich dafür perfekt. Die krankheitsfeste Pink Flower Carpet bildet lange Triebe und kann als Kletterpflanze erzogen werden.

Rhapsody in Blue ist eine Strauchrose, die man als Kletterpflanze erziehen kann. Sie zeichnet sich durch eine ungewöhnliche Farbe und guten Duft aus.

GUTE PARTNER Rosen haben einen hohen Nährstoffbedarf, deshalb zieht man sie am besten in einem eigenen Pflanzgefäß. Darum herum können Sie andere Pflanzen gruppieren, wenn Sie zusätzliche Sommerfarben brauchen. Schlanke Kletterrosen kann man an hohen Sträuchern aufleiten.

GROSS *Clematis, Laurus nobilis, Olea europaea* **MITTEL** *Alstroemeria, Hemerocallis, Lavandula* **KLEIN** *Festuca glauca, Hosta, Petunia*

PFLANZEN

Rosen brauchen eine nährstoffreiche Pflanzerde. Im Container angezogene Pflanzen kann man das ganze Jahr über pflanzen, doch Spätherbst und Frühling eignen sich am besten. Wurzelnackte Exemplare setzt man während der Ruhezeit, doch man muss sie gleich nach Erhalt einpflanzen. Rosen werden auf Unterlagen veredelt, die Veredelungsstelle sollte sich etwa auf Bodenniveau befinden. Die Zugabe von Mykorrhizapilzen beim Einpflanzen verbessert das Wachstum und das Einwurzeln. Nach dem Einpflanzen entfernt man alle schlecht stehenden oder gebrochenen Zweige sowie dünnen Wuchs.

Rosen wollen sonnig stehen, ein wenig Schatten vertragen sie aber. Ein luftiger Ort schützt vor Pilzkrankheiten.

Pink Flower Carpet ist einfach in der Kultur, will aber einen sonnigen Platz.

KULTUR

Rosen muss man düngen, damit sie kräftig und gesund bleiben. Geben Sie im Frühjahr Rosendünger auf die Erde und düngen Sie den ganzen Sommer über einmal pro Woche.

Die meisten modernen Sorten sind widerstandsfähig gegenüber Krankheiten, doch wenn Sternrußtau auftritt, sollten Sie regelmäßig Maßnahmen ergreifen, damit sich die Krankheit nicht weiter ausbreitet. Unternimmt man nichts, fallen vorzeitig Blätter ab, was die Pflanze schwächt. Sternrußtau tritt an gesunden, gut ernährten Pflanzen weniger stark auf.

Nach dem Schnitt im Frühjahr erscheinen neue Triebe, die im Sommer blühen werden. Nach dem Abblühen schneidet man die Triebe bis auf das oberste ganze Blatt zurück. Die Pflanze bleibt ansehnlich und es kommen neue Blüten und Blätter. Kräftige neue Triebe erziehen Sie entlang der Stütze. Sie werden im nächsten Jahr an den Triebenden blühen. Blattläuse (S. 36) sitzen oft an den Triebspitzen. Man hält sie durch Abreiben in Schach.

Unbehandelter Sternrußtau kann Rosensträucher stark schwächen.

PFLEGE Ein Schnitt im Frühjahr zu Austriebsbeginn sorgt für schöne und gesunde Pflanzen. Alter, langtriebiger Wuchs wird am Grund entfernt sowie alle abgestorbenen Triebe. Kürzen Sie lange Triebe ein, die Sie an die Stütze anbinden. Alte, holzige Triebe schneiden Sie heraus. Halten Sie im Winter die Erde feucht und prüfen Sie die Bindestellen, damit kein Schaden durch Winterstürme entsteht.

Nach ein paar Jahren müssen Sie umtopfen. Verwenden Sie strukturstabile Kübelpflanzenerde. Wenn die Pflanze zu groß zum Umtopfen ist, entfernen Sie von oben her Erde und füllen mit frischem Substrat auf.

Durch Schnitt bleiben Rosen gesund und in guter Verfassung.

STERNJASMIN

TRACHELOSPERMUM JASMINOIDES

Der Sternjasmin gehört zu den wenigen immergrünen blühenden Kletterpflanzen. Er wächst kompakt, lässt sich leicht erziehen und duftet. Blüten erscheinen monatelang den ganzen Sommer hindurch und ein paar Blätter verfärben sich im Herbst rot. Er sieht in der Sonne ganzjährig gut aus.

CHARAKTER Nicht zuverlässig winterhartes, immergrünes Klettergehölz, nur für vor Kälte und Wind geschützte Plätze

HÖHE Bis zu 2 m im Topf

BREITE Bis zu 2 m im Topf

TOPFGRÖSSE Eine Pflanze pro 30-cm-Topf, braucht mit dem Älterwerden einen größeren Topf

JAHRESLAUF

	WINTER	FRÜHLING	SOMMER	HERBST
BELAUBT				
BLÜTE				

FARBE

BLÄTTER Glänzend dunkelgrün

BLÜTEN Weiß oder cremefarben

Ausputzen verwelkter Blüten ist nicht nötig, alte entfernt man im September.

AUSWAHL

In der gewöhnlichen Form bildet der attraktive, immergrüne Kletterstrauch weiße oder cremefarbene, meist nachtduftende Blüten. Die Blüten von STAR OF TOSCANA öffnen sich cremefarben und verfärben sich goldgelb, dagegen hat die langsam wachsende 'Variegatum' weiß gemusterte Blätter. Unzählige rosa Blüten bringt im Sommer 'Pink Showers', eine Auslese von *Trachelospermum asiaticum*.

Sternjasmin klimmt schön von selbst an sonnigen Wänden oder Rankgerüsten.

GUTE PARTNER Die dunkelgrünen Blätter erzeugen einen wunderbaren Hintergrund für nahezu alle Pflanzen. **GROSS** *Musa basjoo, Olea europaea, Pseudopanax lessonii* **MITTEL** *Correa pulchella, Melianthus major, Phormium* **KLEIN** *Dianthus, Erysimum, Pelargonium*

PFLANZEN

Sternjasmin braucht einen sonnigen, geschützten Platz. Nasse Erde verträgt er nicht gut, daher sollte der Topf nicht zu groß sein, besonders nicht für kleine Pflanzen. Gekaufte Jungpflanzen in kleineren Töpfen als 10 cm Durchmesser setzt man zur Weiterkultur für ein Jahr in einen wenig größeren Topf um. Pflanzen von 60 cm Höhe oder mehr können im 30-cm-Topf stehen. Halten Sie die Erde feucht, aber frei von Staunässe.

KULTUR

Der Standort muss sonnig sein. Kleine Pflanzen reagieren empfindlicher auf Kälte als größere, man sollte sie mit Vlies schützen. Gießen Sie im Frühling und Sommer großzügig und geben Sie einmal wöchentlich phosphorbetonten Dünger. Anfangs muss man die windenden Triebe anbinden. Die Triebe erzieht man so, dass sie sich ausbreiten und die Stütze gut bedecken.

PFLEGE Schnitt fördert die Verzweigung. Im Frühjahr erfolgt ein leichter Formschnitt und alle von Kälte geschädigten Triebe werden entfernt. Dies stört die Blütenbildung nicht. Trocknet die Erde aus, fallen Blätter ab.

GLYZINIE *WISTERIA SINENSIS*

Von allen winterharten Kletterpflanzen ist dies die beeindruckendste. Sie wächst schnell und imponiert mit Kaskaden duftender Blüten. Obwohl Glyzinien riesig werden, kann man sie durch sorgfältigen Schnitt im Topf halten. Geduld und Sorgfalt bei dieser Aufgabe werden reich belohnt.

CHARAKTER Winterhartes, laubabwerfendes Klettergehölz

HÖHE 3 m im Topf, je nach Schnitt

BREITE 3 m im Topf, je nach Schnitt

TOPFGRÖSSE Eine Pflanze pro 30-cm-Topf, braucht nach ein paar Jahren einen größeren Topf

JAHRESLAUF

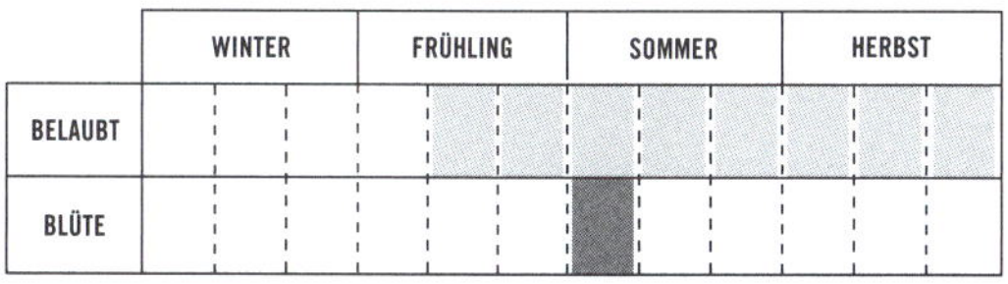

FARBE

BLÄTTER Grün im Sommer, leuchtend gelb im Herbst

BLÜTEN Lila/lilarosa, manche violett, rosa, weiß

Eingewachsene Glyzinien haben einen Triebzuwachs von bis zu 1 m im Jahr.

AUSWAHL

Die winterharte Kletterpflanze mit ihren duftenden Blütenständen bedeckt Wände und Zäune. Zur Auswahl stehen zahlreiche Sorten. Zu den besten zählt die reich blühende, stark duftende 'Prolific'.

Wisteria floribunda trägt längere, weniger dicht gepackte Blütenstände. Am meisten beeindruckt 'Multijuga' mit fast 1 m lang herabhängenden Blütenständen. 'Yae-Kokuryu' hat gefüllte violette und weiße Blüten. Kaufen Sie keine Pflanzen, die nur die Bezeichnung »Wisteria« tragen, denn es könnte sich um schlecht blühende Sämlinge handeln.

GUTE PARTNER Glyzinien bilden einen schönen Hintergrund für viele Pflanzen. **GROSS** *Cordyline australis*, *Olea europaea*, *Salix integra* 'Hakuro-nishiki' **MITTEL** *Euphorbia*, *Ficus carica*, *Phormium* **KLEIN** *Alstroemeria*, *Dianthus*

PFLANZEN

Zuerst müssen Sie überlegen, wie Sie die Pflanze kultivieren und erziehen wollen. Sie können ein Hochstämmchen mit einer Krone erziehen, doch es benötigt einen stabilen Stützstab. Pflanzen Sie in einen großen Topf mit strukturstabiler Kübelpflanzenerde. Entfernen Sie immer alle Triebe unterhalb der Veredelungsstelle.

KULTUR

Schneiden Sie abgestorbene Triebe und alles, was unschön wächst, ab. An einer Wand breiten Sie die Triebe horizontal aus. Ein Hochstämmchen müssen Sie am Stützpflock befestigen. Die durstigen Pflanzen verlangen im Sommer häufige Wassergaben. Düngen Sie während der Wachstumszeit einmal wöchentlich. Nach ein paar Jahren brauchen sie in einen größeren Topf.

PFLEGE Schnitt regt die Blühwilligkeit an. Junge Pflanzen senden lange Triebe aus, diese schneidet man im August zurück. Bis dahin können sie schon recht lange gewachsen sein, deshalb kann man sie schon früher leicht einkürzen und dann schneidet man sie im August auf vier Blätter zurück. Dies hält das Wachstum in Schach und regt die Blüte an. Bei Bedarf kann man erneut auf zwei Knospen im Winter zurückschneiden. Verfährt man jedes Jahr so, wird die Pflanze nach drei oder vier Jahren zu blühen beginnen.

Regelmäßiger Schnitt stellt die Grundlage für den Kulturerfolg dar.

Hängekörbe, aus denen bunte Blumen hervorquellen, hellen düstere Wände und Zäune auf. Sie gehören unbedingt zum Sommer, doch mit Fantasie und einer geschickten Pflanzenwahl bekommt man einen langjährigen Schmuck.

FÜR KÖRBE, KÄSTEN, BLUMENKÜBEL

Wenn Sie nicht darauf warten wollen, dass Kletterpflanzen die Wände bedecken, dann bieten Hängekörbe, Wandtaschen und Fensterkästen die Lösung. Sie bereichern noch die ödeste Ecke um leuchtende Farben und Akzente.

BLÜTENKASKADEN

Zum Befüllen von Hängekörben braucht man etwas Buntes und Auffälliges, nichts erfüllt diese Aufgabe besser als Petunien. Durch jüngste Zuchterfolge ist die Kultur dieser Gartenhelden weitaus einfacher geworden. Neue Sorten sind krankheitsresistent, wenig anfällig bei feuchtem Wetter und sie sehen länger gut aus. Auch die Farbpalette wurde ausgedehnt, es gibt schwarze Blüten, gefleckte Blütenblätter und grünrandige Blüten. Spezielle Hängetypen liefern größere blühende Flächen. Bei beengten Verhältnissen könnten Sie es mit Zauberglöckchen versuchen. Die Pflanzen und Blüten sind kleiner, aber sie blühen ununterbrochen in umwerfender Fülle, bis der erste Herbstfrost dem ein Ende setzt.

TRADITIONELLE LIEBLINGE

Wenn es aussehen soll wie einst bei der Großmutter, werden Sie wohl Fuchsien pflanzen müssen. Diese altmodischen Lieblinge haben hängende Blüten in vielen verschiedenen Farben und Formen und sie eignen sich hervorragend für Anfänger: Sie sind einfach in der Kultur, können aber umwerfend aussehen. Die prächtigen Blüten von Hänge-Fuchsien kommen in Körben und Pflanzgefäßen wunderbar zur Geltung. Ideale Partner sind Lobelien, bevorzugt in Sattblau (der einzigen Farbe, die den Fuchsien fehlt). Schleppen mit leuchtenden Blüten hängen häufig aus Hängekörben herab. Die Pflege ist einfach, und weil Fuchsien Schatten vertragen, sind sie zurecht beliebt.

SCHATTIGE WÄNDE AUFHELLEN

Selbst an schattigen Wänden ist eine farbenfrohe Bepflanzung möglich. Fuchsien und auch Begonien wachsen und blühen gut, wenn sie nur für einen halben Tag Sonne haben. Moderne Knollenbegonien entwickeln Kaskaden von Blüten und ihre Ansprüche lassen sich leicht erfüllen. Mit ihren vielen Farben liefern sie helle oder satte Töne. Beziehen Sie farbiges Laub mit ein. Setzen Sie ein paar kleine Exemplare vom Gelben Pfennigkraut ein oder panaschierte Gundelrebe. Deren Triebe baumeln im Wind und ihre vertikalen Linien sorgen für Harmonie.

HÄNGE-BEGONIE *BEGONIA*

Begonien gibt es in vielen Wuchsformen und Farben. Die Blüten können zierlich oder groß und gefüllt sein. Hängende Formen sind Knollen-Begonien, die man aus Samen anziehen oder auch bereits blühend kaufen kann. Sie blühen auch im Halbschatten den ganzen Sommer hindurch.

CHARAKTER Nicht winterharte Staude, als Einjährige gezogen, braucht Schutz unter 5 °C

HÖHE Bis zu 30 cm im Topf, bis zu 20 cm weit herabhängend

BREITE Bis zu 30 cm im Topf

TOPFGRÖSSE Eine Pflanze pro 30-cm-Topf, drei Pflanzen pro 40-cm-Topf

☼ ◐

JAHRESLAUF

	WINTER			FRÜHLING			SOMMER			HERBST		
BELAUBT					■	■	■	■	■	■	■	
BLÜTE							■	■	■	■	■	

FARBE

BLÄTTER Gewöhnlich dunkelgrün, manchmal dunkelrot oder braun überzogen

BLÜTEN Weiß, cremefarben, gelb, orange, rot, rosa oder mehrfarbig

Hänge-Begonien gedeihen in der Sonne wie im Halbschatten.

AUSWAHL

Hänge-Begonien besitzen meist dicke, fleischige Stängel, sie haben große, auffällige Blüten. Neuere Sorten, die auf *Begonia boliviensis* zurückgehen wie die Serien 'Starshine' und 'Million Kisses', besitzen feineres Laub und bringen unzählige Blüten mit schmalen Kronblättern. *B. sutherlandii* blüht orangefarben, das blassgrüne Laub ist oft rot geädert, was sehr gut aussehen kann.

B. sutherlandii ist ein zierliches Schmuckstück. Die Knollen kann man überwintern.

GUTE PARTNER Begonien wachsen in der Sonne wie im Schatten. Man kann sie gut unter Schattengewächse mischen, wogegen die meisten anderen Sommerblumen volle Sonne brauchen. **GROSS** *Canna, Clematis, Pseudopanax lessonii* **MITTEL** *Euonymus fortunei, Hemerocallis* **KLEIN** *Hakonechloa macra, Pelargonium, Verbena*

PFLANZEN

Die Kultur der hängenden Knollen-Begonien beginnt im zeitigen Frühjahr im Haus. Gießen Sie vorsichtig, bis das volle Wachstum einsetzt. Sämlinge aus Anzuchtsystemen müssen ebenfalls im Haus, an einem Fenster oder im Vermehrungskasten stehen. Hüten Sie sich vor dem Übergießen und halten Sie die Temperatur über 15 °C. Größere Hänge-Begonien kann man im Mai zum direkten Einpflanzen in Töpfe und Körbe kaufen. Man muss sie aber unbedingt vor Frost und vor niedrigeren Temperaturen schützen.

KULTUR

Solange sie klein sind, darf man Begonien keinesfalls zu viel gießen: Kalte, nasse Erde führt zum Faulen der Wurzeln und die Pflanzen brechen zusammen. Die Triebe wachsen zunächst aufrecht, bevor sie herabhängen. Daher setzt man die Pflanzen in die Mitte eines Gefäßes und nicht an den Rand. Eingewachsene Pflanzen muss man gut gießen und düngen, damit sie gesund bleiben. Bei Trockenheit kommt es leicht zu Mehltaubefall.

PFLEGE Die herabfallenden großen Blüten muss man aufsammeln. Weibliche Blüten bilden Samenstände aus, man muss sie entfernen. Auf untere Blätter herabfallende Blüten bewirken Fäulnis bei kühler, feuchter Witterung im Herbst. Wenn das Laub durch Herbstfröste abstirbt, kann man die Knollen mancher Begonien trocknen und für die Kultur im nächsten Jahr aufheben.

ZAUBERGLÖCKCHEN

CALIBRACHOA

Die buschigen, kleinblättrigen Pflanzen bringen ununterbrochen ihre leuchtenden trichterförmigen Blüten hervor, die wie winzige Petunien aussehen.

CHARAKTER Nicht winterharte Staude, als Einjährige gezogen, braucht Schutz unter 5 °C

HÖHE Bis zu 25 cm im Topf, manchmal bis zu 20 cm weit herabhängend

BREITE Bis zu 30 cm im Topf

TOPFGRÖSSE Drei Pflanzen pro 30-cm-Topf, fünf Pflanzen pro 40-cm-Topf

☼ ◑

JAHRESLAUF

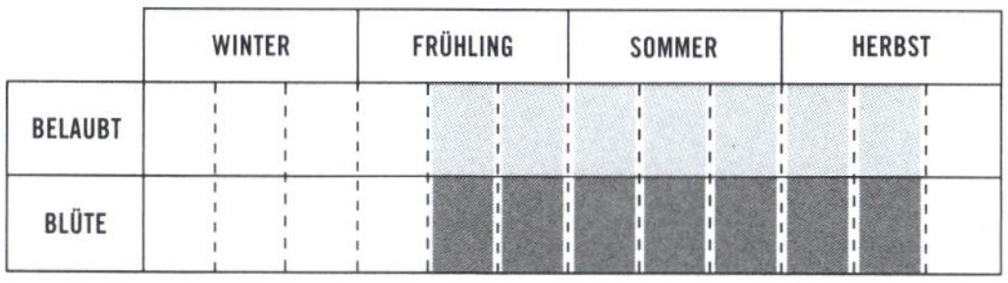

FARBE

BLÄTTER Klein, mittelgrün; Stängel manchmal rot überlaufen

BLÜTEN Weiß, rosa, rot, lila, violett, gelb, orange, nahezu schwarz oder mehrfarbig

Ideal für Hängekörbe sind der kompakte Wuchs und der Blütenreichtum.

AUSWAHL

In der Pflanzenzüchtung wurden große Anstrengungen unternommen, um neue Sorten einzuführen – das Sortiment ändert sich ständig.

Zu den neuesten Entwicklungen gehören gefüllte Blüten und neue Töne wie Pastellfarben, kontrastierende Adern auf Blütenblättern und auffällige, nahezu schwarze Blüten. Dazu vertragen die neuen Sorten Kälte und alkalische Erde besser, was bei älteren Sorten Probleme bereitete.

GUTE PARTNER Die mit Blüten übersäten Zauberglöckchen kombiniert man am besten mit ähnlich leuchtenden und dominanten Nachbarn, denen sie nicht die Show stehlen.
GROSS *Cordyline australis*, *Olea europaea*
MITTEL *Dahlia*, *Penstemon* **KLEIN** *Dianthus*, *Heuchera*, *Pelargonium*

PFLANZEN

Als junge Pflanzen wirken Zauberglöckchen mickrig und unordentlich. Nichts weist auf die enorme Farbwirkung hin, die sie vielleicht einmal ausbilden werden. Junge Pflanzen reagieren empfindlich auf Kälte und nasse Erde, die Blätter vergilben und die Wurzeln können faulen.

Warten Sie mit dem Auspflanzen, bis das Wetter wärmer wird, und stellen Sie sicher, dass die Topfballen gut durchwurzelt sind. Gießen Sie anfangs vorsichtig, um nasse, kalte Erde rund um die Wurzeln zu vermeiden.

KULTUR

Dünne, wirr wachsende Triebe zwickt man bei jungen Pflanzen aus, damit sie sich buschiger entwickeln. Das Einwachsen jüngerer Pflanzen darf nicht von stark wachsenden Nachbarn beeinträchtigt werden. Vor dem Aufhängen sollten sie in Hängekörben erst einwachsen. Dies beugt Schäden durch starke Winde hervor.

PFLEGE Die buschigen Pflanzen wirken ordentlich und setzen keine Samenstände an. Ausputzen ist nicht unbedingt nötig, doch verwelkte gefüllte Blüten entfernt man, weil sie unansehnlich sind. Geben Sie den ganzen Sommer über wöchentlich Flüssigdünger, um Wachstum und Blütenbildung anzuregen. Gießen Sie gut, um Mehltau vorzubeugen, der bei Trockenheit auftritt.

Ausputzen hat nur ästhetischen Zweck, denn die Pflanzen setzen keine Samen an.

HÄNGE-FUCHSIE *FUCHSIA*

Diese Pflanzen zieren traditionell den sommerlichen Garten. Bunt und elegant hängen die schönen Blüten von Körben und Fensterkästen herab. Große gerüschte und gefüllte Blüten sind überaus beliebt, doch es gibt auch wunderbare Sorten mit kleinen, einfachen Blüten.

CHARAKTER Nicht winterharter Halbstrauch, braucht Schutz unter 5 °C

HÖHE 30 cm, manche 30 cm weit herabhängend

BREITE 45 cm

TOPFGRÖSSE Eine bis drei Pflanzen pro 30-cm-Topf

JAHRESLAUF

	WINTER			FRÜHLING			SOMMER			HERBST		
BELAUBT				●	●	●	●	●	●	●	●	
BLÜTE						●	●	●	●	●	●	

FARBE

BLÄTTER Grün, häufig rot überzogen, oft panaschiert

BLÜTEN Rot, weiß, rosa, violett, lila oder orange, oft zweifarbig

AUSWAHL

Fuchsien eignen sich perfekt für den Halbschatten, sie blühen den ganzen Sommer hindurch und bringen Farbkleckse in den Garten oder Innenhof. Fuchsien unterteilt man in vier Hauptgruppen: hängend, kletternd, aufrecht oder als Hochstämmchen. Hängende Formen sind nicht winterhart, doch einige der aufrechten und ziemlich frostfesten Sorten wie 'Garden News' wachsen locker und haben gefüllte Blüten. Hänge-Fuchsien überstehen die Winter nicht im Freien und jene im Topf sind noch empfindlicher als Pflanzen im gewachsenen Boden. Durch die weichen Stängel hängen die Triebe über und sie bieten einen enormen Reichtum an spektakulären Blüten. Gefüllt blühen 'Swingtime' in Rot und Weiß, 'Devonshire Dumpling' in Hellrosa und Weiß, 'Taffeta Bow' in Rosa und Violett, 'Happy Wedding Day' in Rosa und Weiß und 'Orange King' in Orange und Rot. Es gibt auch Hänge-Fuchsien mit kleineren, einfachen Blüten. Beliebt sind die korallenrosa 'Jack Shahan', die rosa und violette 'Nora' (aus der Bella-Serie), die weiße und lila 'Waveney Gem' sowie 'Auntie Jinks' in Weiß und Violett. 'Autumnale' hat rote Blüten über roten und gelben Blättern.

GUTE PARTNER Die lodernden Fuchsien kombiniert man mit anderen leuchtenden Farben oder mit buntem Laub. **GROSS** *Cordyline australis*, *Nerium oleander*, *Salix integra* 'Hakuro-nishiki' **MITTEL** *Dahlia*, *Hosta*, *Lilium* **KLEIN** *Begonia*, Hänge-*Lobelien*, *Petunia*

Gut gegossen und gedüngt quellen Töpfe mit Fuchsien über, wie dieser herrliche Hängekorb mit 'Orange King'.

'Auntie Jinks' ist eine alte Sorte mit kleinen, aber zahlreichen Blüten.

PFLANZEN

Fuchsien werden im Frühling und im Sommer angeboten, entweder als kleine Pflanzen im 8-cm-Topf oder als Jungpflanzen im Set. Diese sind weich und kälteempfindlich, man muss sie behutsam an einem hellen, frostfreien Platz weiterkultivieren, bis sie bereit sind zum Auspflanzen. Junge Fuchsien erleiden leicht Frostschäden und dürfen nicht ins Freie, bevor die Spätfrostgefahr vorüber ist. Auszwicken der Triebspitzen führt zu besser verzweigten Pflanzen. Mehr Triebe bedeuten spätere, aber mehr Blüten.

Kultiviert man Fuchsien nur einen Sommer lang in einem Pflanzgefäß, kommt als Substrat normale Balkonpflanzenerde in Frage.

Hänge-Fuchsien entwickeln im Hängekorb reichlich Triebe mit hängenden Blüten. Große Pflanzen füllen den Platz schnell aus und blühen reich.

KULTUR

Halten Sie die Erde immer feucht und düngen Sie im Sommer und Herbst einmal wöchentlich. Das Entfernen welker Blüten während des Wachstums ist wichtig. Die Blüten fallen zwar von selbst ab, aber die Samenkapseln bleiben an der Pflanze. Man sollte sie sofort abzwicken, sonst wachsen sie und reifen, dann wird die Pflanze keine neuen Blüten mehr bilden. Die reifen Früchte wären essbar. Blattläuse (S. 36) sitzen oft an den Trieben, man kann sie abwischen.

PFLEGE Bei feuchter Witterung kann Rost Probleme bereiten. Auf den Blättern erscheinen orangefarbene Flecken, es kommt zum vorzeitigen Blattfall. Eine Behandlung mit einem Pflanzenschutzmittel verhindert weiteres Unheil, doch eine Beseitigung befallener Blätter und ein Rückschnitt der Pflanze, um die Durchlüftung zu verbessern, kann bestehenden Schaden verringern.

Bei Hitze können Wanzen an jungen Trieben fressen. Sie verursachen ausgefranste Löcher in den oberen Blättern.

Fuchsien bleiben blühwillig, wenn man die Samenstände entfernt.

Brechen Sie diese Triebspitzen aus. Die Blühwilligkeit leidet gewöhnlich nicht darunter.

Dickmaulrüsslerlarven (S. 36) können an den Wurzeln fressen, die Pflanzen welken dann und sterben ab.

Wenn im Herbst Frost droht, brauchen die Pflanzen Schutz und müssen zum Überwintern ins Haus. Sie werfen zwar ihre Blätter ab, doch sie ruhen nie komplett, daher muss die Erde im Winter feucht bleiben. An einem geschützten Platz in einer Ecke am Haus können zurückgeschnittene Pflanzen in milden Gegenden unter einer Vliesabdeckung im Freien überwintern.

Man kann Pflanzen auch überwintern, indem man Stecklinge schneidet. Sie bewurzeln leicht und junge Pflanzen überstehen den Winter auf einem sonnigen, kühlen Fensterbrett.

Stecklinge, die man im Frühling oder Sommer schneidet, bewurzeln leicht.

GUNDELREBE

GLECHOMA HEDERACEA 'VARIEGATA'

Die wertvolle Hängepflanze mit lila Blüten ergänzt andere Gewächse. Aus kleinen Pflanzen entwickeln sich innerhalb weniger Monate Kaskaden gelappter nierenförmiger Blätter. Die winterharte Pflanze eignet sich für Winter und Sommer.

CHARAKTER Winterharte Staude, übersteht Frost, wird aber gewöhnlich als Einjährige gezogen

HÖHE Bis zu 5 cm im Topf, bis 1 m weit herabhängend

BREITE Hängend bis zu 20 cm im Topf, bis zu 60 cm als Bodendecker

TOPFGRÖSSE Drei Pflanzen pro 30-cm-Topf, gewöhnlich in Kombination mit anderen Pflanzen

☼ ◑

JAHRESLAUF

	WINTER			FRÜHLING			SOMMER			HERBST		
BELAUBT	■	■	■	■	■	■	■	■	■	■	■	■
BLÜTE					■	■	■					

FARBE

BLÄTTER Graugrün mit weißen Kanten

BLÜTEN Lila

Das weiß gemusterte Laub bringt rosa und lila Blüten gut zur Geltung.

Die zierlichen Blätter hängen von Körben und Pflanzgefäßen herunter.

AUSWAHL

Die panaschierte Gundelrebe wird im Sommerblumensortiment verkauft, obwohl sie mehrjährig ist. Die robuste, frostverträgliche und wüchsige Pflanze sieht gut in Töpfen, Hängekörben und Fensterkästen aus. Sie bildet das ganze Jahr über Schleppen aus zierlichem Laub. Zwei neuere Sorten sind 'Dappled Light' mit gelb geflecktem Laub und 'Rapunzel' mit gelb gerandeten Blättern. Die ähnliche Art *Ajuga reptans* hat glänzende Blätter in etlichen Farben und trägt Ähren aus lila Blüten. Diese Immergrüne ist besonders wertvoll für Gestaltungen im Winter.

GUTE PARTNER Die graugrünen, weißrandigen Blätter passen gut zu silbrigem Laub und rosa Sommerblumen. **GROSS** *Acer palmatum*, *Clematis*, *Salix integra* 'Hakuro-nishiki' **MITTEL** *Camellia*, *Lilium*, *Viburnum* **KLEIN** *Carex*, *Euonymus*, *Hosta*

PFLANZEN

Pflanzen erhält man im Frühjahr als Jungpflanzen oder kleine Pflanzen im Topf. Jungpflanzen kann man in Hängekörben an den Rand setzen, damit sie herabhängen. Größere Pflanzen können in größeren Gefäßen die Erde bedecken und am Rand überhängen. Die Pflänzchen wurden im Gewächshaus angezogen. Sie sind empfindlich und man muss sie vor Frost schützen.

KULTUR

Bei jungen Pflanzen zwicken Sie Triebspitzen aus, um die Verzweigung zu fördern. Oder Sie drücken Stängel in die Erde, damit sie sich bewurzeln. Das fördert die Wuchskraft und buschigen Wuchs. Gießen und düngen Sie. Die Pflanzen vertragen ein Austrocknen nicht gut. Wenn Wasser knapp ist, werfen sie ältere Blätter ab, werden langbeinig und entwickeln Mehltau.

PFLEGE Falls die Pflanzen im Hochsommer etwas müde aussehen, schneidet man sie auf 15 cm zurück. Gut gegossen und gedüngt treiben sie frisch aus. Triebe mit reingrünen Blättern werden entfernt. Gegen Sommerende kann die Pflanze im Topf bleiben oder man setzt sie in den Garten in den Halbschatten.

VANILLEBLUME

HELIOTROPIUM ARBORESCENS

Die bei Schmetterlingen beliebte Pflanze mit dem Vanilleduft trägt Blüten in blassem Lila bis hin zu dunklem Violett. Schon ein paar Pflanzen erfüllen eine Terrasse mit Duft.

CHARAKTER Nicht winterharte Staude, als Einjährige gezogen, braucht Schutz unter 5 °C

HÖHE Bis zu 30 cm im Topf, je nach Sorte

BREITE 30 cm im Topf

TOPFGRÖSSE Drei Pflanzen pro 30-cm-Topf, oft in Kombination mit anderen Pflanzen

JAHRESLAUF

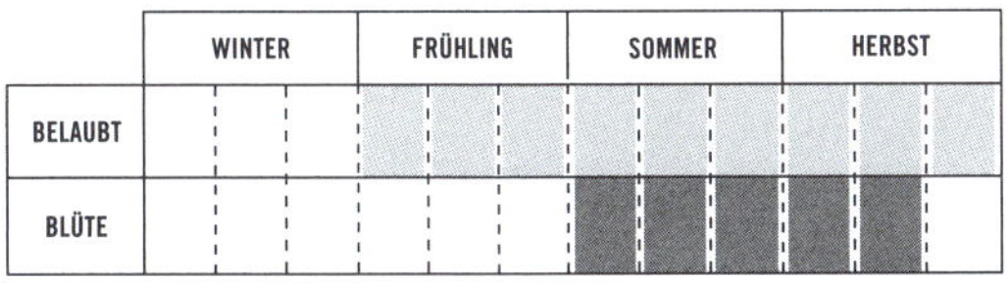

FARBE

BLÄTTER Dunkelgrün, runzlig, leicht violett überzogen

BLÜTEN Gewöhnlich kräftig violett, auch blasser

Die intensive Blütenfarbe von 'Marine' wirkt in der Sonne am kräftigsten.

AUSWAHL

Die am meisten verbreitete Sorte ist die auffällige und kompakte 'Marine' mit ihren großen Blütenständen. 'Mini Marine' ist ähnlich, bleibt aber kleiner und wächst eher breit. Beide werden aus Samen herangezogen.

Attraktiv sind außerdem SCENTROPIA BLUE und SCENTROPIA SILVER, die über Stecklinge vermehrt werden und mehr in die Breite wachsen. Sie eignen sich bestens für Hängekörbe. Eine ältere, ebenfalls stecklingsvermehrte Sorte ist 'Chatsworth' mit blasseren Blüten, aber viel stärkerem Duft. Die Pflanze kann 1 m hoch werden.

Im Hängekorb können Sie an den Blüten riechen, ohne sich bücken zu müssen.

GUTE PARTNER Das dunkle Laub und die Blüten passen gut zu grauem und silbrigem Laub. **GROSS** *Laurus nobilis, Olea europaea, Trachelospermum jasminoides* **MITTEL** *Lavandula, Nerium oleander* **KLEIN** *Festuca glauca, Osteospermum, Verbena*

PFLANZEN

Sie können sie im zeitigen Frühjahr im Vermehrungskasten aussäen. Die Pflanzen wachsen aber zunächst langsam, sie brauchen ausreichend Licht und sorgfältiges Gießen. Sämlinge sollte man in Multitopfplatten weiterkultivieren, bis sie etwa 5 cm hoch sind, bevor man sie in Töpfe setzt.

Junge Pflanzen müssen vor Frost geschützt werden. Man zieht sie bei guter Belichtung, bis man sie im Spätfrühling ins Freie pflanzt. Mit blühenden Pflanzen kann man den ganzen Sommer über Töpfe auffüllen.

KULTUR

Die Vanilleblume mag Wärme und Sonnenschein. Junge Pflanzen versagen in großen Töpfen mit nasser Erde. Sie müssen sich im Anzuchtgefäß gut entwickelt haben, bevor man sie auspflanzt. Bei Kombinationen mit anderen Pflanzen dürfen sie nicht unterdrückt werden. Um das Wachstum zu fördern, gibt man ab Blühbeginn Flüssigdünger.

PFLEGE Jeder Blütenstand blüht mehrere Wochen lang. Sobald ein Großteil der Blüten verwelkt ist, schneidet man den ganzen Blütenstand aus, damit sich untere Stängel und weitere Blüten entwickeln. Wenn die Erde öfter austrocknet, kann es zu Mehltau und Blattlausbefall (S. 36–37) kommen. Gegen Ende der Wachstumszeit kann man die Pflanzen zurückschneiden und an einem frostfreien Platz überwintern.

HÄNGE-LOBELIE

LOBELIA ERINUS

Bienen und Schmetterlinge mögen Hänge-Lobelien, die von Körben, Fensterkästen und Blumenkübeln herabhängen. Beliebt sind die Blautöne, doch Mischungen enthalten auch rosa, weiße und rote Blüten. Buschig wachsende Lobelien wachsen am Topfrand, in Körbe passen Hängeformen.

CHARAKTER Nicht winterharte Staude, als Einjährige gezogen, braucht Schutz unter 5 °C

HÖHE 15 cm im Topf, bis zu 30 cm weit herabhängend

BREITE 15 cm

TOPFGRÖSSE Fünf Pflanzen pro 30-cm-Topf, gewöhnlich an den Rand zu anderen Pflanzen gesetzt

JAHRESLAUF

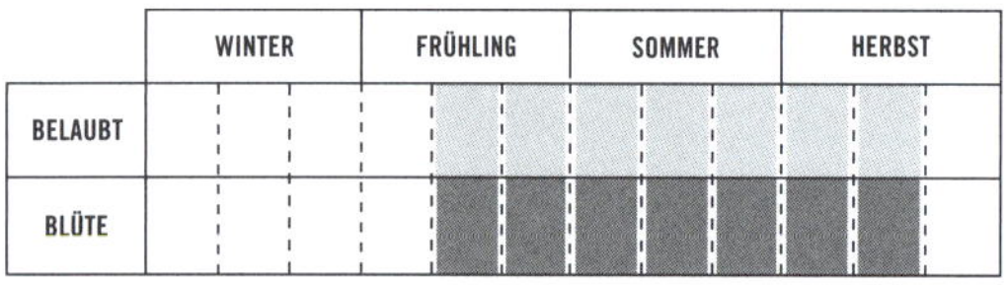

FARBE

BLÄTTER Sattgrün oder rötlich

BLÜTEN Blautöne, weiß, rosa oder karminrot

AUSWAHL

Hänge-Lobelien werden gewöhnlich aus Samen gezogen. Die Sorten der Cascade-Serie bieten duftige Wolken aus edelsteinartigen Blüten. Diese blühen ziemlich bald nach dem Pflanzen. Wenn sie Samen ansetzen, wirken sie vergammelt, doch bei der Vielzahl winziger Blüten ist das Ausputzen nicht praktikabel. Neuere stecklingsvermehrte Typen wie die Waterfall-Serie setzen keine Samen an. Die Blüten halten länger und sehen länger gut aus.

Traditionell kombiniert man blaue Lobelien mit roten Geranien.

GUTE PARTNER Hänge-Lobelien passen gut zu Pflanzen mit größeren Blüten, sie sind sehr wertvoll im Halbschatten. **GROSS** *Clematis*, *Nerium oleander*, *Salix integra* 'Hakuro-nishiki' **MITTEL** *Dahlia*, *Hosta*, *Lavandula* **KLEIN** *Begonia*, *Fuchsia*, *Nemesia*

PFLANZEN

Kaufen Sie Pflanzen, wenn sie gerade zur Blüte kommen, keine langtriebigen Exemplare in voller Blüte. Bewahren Sie die Pflanzen vor Frost. Wenn Sie keinen Schutz bieten können, kaufen Sie erst, wenn die Spätfrostgefahr vorüber ist. Im Halbschatten blühen die Pflanzen weniger reich, aber sie leben länger. Setzen Sie Hänge-Lobelien neben höhere Pflanzen oder an Korbränder.

KULTUR

Gießen Sie nach dem Einwachsen regelmäßig und geben Sie wöchentlich Flüssigdünger. Lobelien blühen schon als junge Pflanzen reich, sogar bei Nährstoffmangel, doch bei guter Düngung wachsen sie erst und blühen länger. Gießen Sie im Hängekorb gründlich, die randständigen Pflanzen können leicht austrocknen.

PFLEGE Wenn die Pflanzen mit dem Blühen aufhören und unordentlich aussehen, schneidet man sie zurück, um einen Großteil der Stängel und welken Blüten zu entfernen. Gegossen und gedüngt, treiben sie vom Grund aus wieder aus und bilden erneut Blüten. Abgestorbene Pflanzen wechseln Sie gegen andere aus. Lobelien können sich in Pflasterfugen für das nächste Jahr von selbst aussäen.

Seien Sie mutig mit Mischungen verschiedener Farben von Lobelien.

GELBES PFENNIGKRAUT

LYSIMACHIA NUMMULARIA 'AUREA'

Die wüchsige, winterharte Hängepflanze zieht man wegen ihres leuchtend gelben Blattwerks. Die Pflanze erweist sich als wertvoll für Pflanzgefäße, am häufigsten wird sie in Töpfe an der Wand oder in Körbe zum Herabhängen gepflanzt. Sie gedeiht im lichten Schatten wie in der Sonne.

CHARAKTER Winterharte Staude, verträgt Frost

HÖHE Bis zu 5 cm, bis zu 1 m weit herabhängend

BREITE 60 cm

TOPFGRÖSSE Eine Pflanze pro 30-cm-Topf, gewöhnlich mit anderen Pflanzen kombiniert

JAHRESLAUF

	WINTER			FRÜHLING			SOMMER			HERBST		
BELAUBT	■	■	■	■	■	■	■	■	■	■	■	■
BLÜTE						■	■	■				

FARBE

BLÄTTER Leuchtend gelb, runde Blätter an hängenden Trieben

BLÜTEN Leuchtend gelb

AUSWAHL

Die gelben Blüten der wuchskräftigen Pflanze heben sich bei der Art vor der Fülle an grünen Blättern ab. Die Sorte 'Aurea' wirkt noch viel auffälliger, denn sie hat leuchtend gelbe Blüten inmitten von gelbem Laub. Die winterharte Pflanze gedeiht am besten im lichten Schatten. Sie scheint ideal für Hängekörbe und Gefäße an der Wand. Junge Pflanzen kann man das ganze Jahr über setzen.

Die grünblättrige Art *L. nummularia* hat gelbe Blüten, doch kein gelbes Laub.

GUTE PARTNER Ausgezeichnet wirkt eine Kombination mit orangefarbenen oder gelben Begonien. Das winterharte Gewächs passt auch gut zu Frühlingsblumen wie Narzissen.

GROSS *Acer palmatum*, *Fatsia japonica*, *Hedera* **MITTEL** *Buxus sempervirens*, *Hosta* **KLEIN** *Begonia*, *Fuchsia*, *Narcissus*

PFLANZEN

Achten Sie beim Kauf auf kräftige junge Pflanzen, die am Grund verzweigt sind. Zwicken Sie die Spitzen langer Triebe aus. Das Pfennigkraut bevorzugt lichten Schatten und feuchte Erde. Es stirbt ab, falls das Substrat austrocknet. Gute Düngung und nährstoffreiche Erde sorgen für ein kräftiges Wachstum, mischen Sie daher Langzeitdünger unter die Erde.

In Kombination mit anderen Pflanzen in Hängekörben, Wandbehältern oder Fensterkästen setzt man das Gewächs an den Rändern ein, damit die Triebe elegant herabhängen können.

Das Gelbe Pfennigkraut hat auffällige gelbe Blätter und gelbe Blüten.

KULTUR

Gießen und düngen Sie immer gut. Bevor man einen Korb aufhängt, sollten die Pflanzen eingewachsen sein. Lange Triebe kann man am Rand des Pflanzgefäßes entlangleiten. Das kräftigt die Pflanzen und verleiht ein buschigeres Aussehen. Vermeiden Sie windige Plätze, wo es zu Schäden kommen kann.

PFLEGE Wenn die Pflanzen austrocknen, verbräunen die Blätter. Nach kurzen Dürreperioden erholen sie sich, doch am besten schneidet man betroffene Triebe zurück. Der Neuaustrieb wird die Pflanzung verjüngen. Wird im Herbst das Gefäß geleert, können Sie die Pflanzen in den Garten setzen oder in einem Topf überwintern.

PETUNIE *PETUNIA*

Von diesen bunten Sommerblumen kennt man buschige und hängende Formen. Die einfachen oder gefüllten Blüten gibt es in vielen Farben. Petunien wachsen rasch und kommen bald zur Blüte, daher bringen sie Farbe an sonnige Plätze. Den besten Duft haben weiße, rosa und violette Sorten.

CHARAKTER Nicht winterharte Staude, gewöhnlich als Einjährige kultiviert, braucht Schutz unter 5 °C

HÖHE 20 cm oder mehr im Topf, manche bis 75 cm tief herabhängend

BREITE 20 cm oder mehr im Topf

TOPFGRÖSSE Drei Pflanzen pro 30-cm-Topf oder großem Korb

JAHRESLAUF

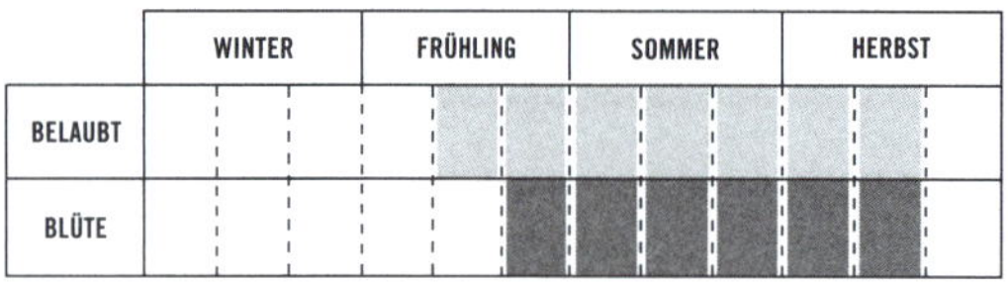

FARBE

BLÄTTER Mittelgrün, manchmal panaschiert

BLÜTEN In jeder Farbe von Weiß bis fast Schwarz und in vielen spannenden Kombinationen

AUSWAHL

Günstige Petunien aus Samenanzucht gibt es als Trio in einem Topf zu kaufen, doch es gibt sie nicht in der gleichen Bandbreite an Farben wie Pflanzen aus Stecklingsvermehrung. Diese werden als Einzelpflanzen verkauft und haben oft faszinierende Farben. Darunter finden sich gefüllte und hängende Varianten wie die Surfinia-Serie. Wählen Sie immer gesunde, nicht durchnässte, tief grüne Pflanzen. Die meisten gefüllten Sorten wie TUMBELINA PRISCILLA wachsen hängend, aber kompakt. Dadurch eignen sie sich für Ampeln, Fensterkästen und Pflanztaschen.

Petunien gedeihen in der Sonne und eignen sich perfekt für Wandbehälter.

GUTE PARTNER Petunien kombiniert man meist mit anderen Sommerblumen, doch sie ergänzen auch mehrjährige Pflanzen mit ihren Farben.
GROSS *Canna, Ipomoea tricolor, Lathyrus odoratus* **MITTEL** *Agapanthus, Penstemon, Yucca* **KLEIN** *Begonia, Diascia, Verbena*

PFLANZEN

Besonders junge Pflanzen erleiden leicht Frostschäden, pflanzen Sie daher nicht zu früh. Lassen Sie den Pflanzen Raum zum Ausbreiten, denn manche sind recht wüchsig. Ziehen Sie Petunien besser allein, denn sie unterdrücken leicht schwächere Nachbarn. Für diese nährstoffbedürftigen Pflanzen mischen Sie vor dem Einpflanzen Depotdünger unter die Erde. Der Standort sollte sonnig und nicht allzu windig sein.

KULTUR

Petunien sind einfach zu ziehen und blühen zuverlässig. Solange sie klein sind, vertragen sie keine nasse Erde. Gießen Sie vorsichtig, bis die Pflanzen offensichtlich eingewachsen sind und gut wachsen. Danach gießen Sie großzügig, die Erde darf nicht mehr austrocknen. Das Pinzieren junger Pflanzen fördert buschiges Wachstum.

Beim Ausputzen müssen Sie die unreifen Samenkapseln mit entfernen.

PFLEGE Die meisten modernen, stecklingsvermehrten Petunien setzen keinen Samen an, daher hat das Ausputzen rein ästhetischen Wert. Besonders gefüllte Blüten können im Welken gammelig aussehen, deshalb zupft man Verblühtes regelmäßig ab.

Beim Ausputzen anderer Sorten muss man die ganzen Samenkapseln entfernen. Das ist wegen der klebrigen Stiele keine schöne Arbeit. Petunien reagieren gut auf regelmäßige Düngung und blühen dann monatelang. Hungrige Pflanzen altern dagegen schnell.

HÄNGE-VERBENE *VERBENA*

Verbenen sind ideale Kombinationspartner, denn ihre Stängel wachsen durch andere Pflanzen hindurch und ihre dichten Blütenstände verweben sich darin. Die oft süßlich duftenden Blüten erscheinen monatelang und locken Insekten an, besonders Tag- und Nachtfalter.

CHARAKTER Nicht winterharte Staude, als Einjährige kultiviert, braucht Schutz unter 5 °C

HÖHE 20 cm, bis 30 cm tief herabhängend

BREITE 20–30 cm

TOPFGRÖSSE Drei Pflanzen pro 30-cm-Topf, fünf Pflanzen pro 40-cm-Topf

JAHRESLAUF

	WINTER	FRÜHLING	SOMMER	HERBST
BELAUBT				
BLÜTE				

FARBE

BLÄTTER Sattgrün, oft ein wenig behaart, gezähnt oder gefiedert

BLÜTEN Weiß, rosa, rot, lila, violett, oft zweifarbig

Adrett bleiben die Pflanzen, wenn man welke Blütenstände gleich entfernt.

Die kleinen Blüten duften oft und locken Schmetterlinge in den Garten.

AUSWAHL

Hänge-Verbenen gibt es in vielen verschiedenen Farbtönen. Riechen Sie vor dem Einkauf daran, denn manche Sorten duften intensiv und süß. Die im Trio aus drei Farben verkauften Hänge-Verbenen stammen meist aus Samenvermehrung. Sie wachsen buschig und müssen sorgfältig ausgeputzt werden, sonst setzen die Pflanzen Samen an und hören auf zu blühen. Einzelexemplare wurden über Stecklinge vermehrt, sie wachsen und blühen besser.

GUTE PARTNER Verbenen in Pastellfarben passen gut zu Pflanzen mit silbrigem oder panaschiertem Laub, leuchtende Farben harmonieren mit kräftigen Beetpflanzen.
GROSS *Melianthus major, Nerium oleander, Salix integra* 'Hakuro-nishiki' **MITTEL** *Dahlia, Pelargonium* **KLEIN** *Festuca glauca, Heliotropium arborescens, Lobelia erinus*

PFLANZEN

Junge Pflanzen reagieren empfindlich auf zu viel Wasser, kaufen Sie daher nur gut bewurzelte Pflanzen. Ältere Verbenen überleben leichten Frost, junge Pflanzen nicht. Bei drohendem Spätfrost müssen Sie sie schützen. Beim Einpflanzen zwicken Sie die Triebspitzen aus. Das führt zu besser verzweigten Pflanzen und später zu mehr Blüten.

KULTUR

Wachsende Pflanzen brauchen regelmäßig Wasser. Ausgetrocknete Verbenen sind anfällig für Mehltau. Einen Monat nach dem Einpflanzen beginnen Sie, die Pflanzen einmal wöchentlich flüssig zu düngen. Blütenstände zwickt man aus, sobald die letzte Blüte abgefallen ist. Sie können Triebe auf die Erde herabdrücken und mit Draht fixieren. Dies begünstigt das Bewurzeln und stärkt die Pflanzen.

PFLEGE Wenn Blattläuse auftreten, wischen Sie sie mit den Fingern ab. Wenn die Pflanzen im Spätsommer unansehnlich werden, kann man sie mit einem Rückschnitt verjüngen und durch zusätzliche Düngung zum Wachstum anregen. Pflanzen oder frisch bewurzelte Stecklinge kann man an einem hellen, frostfreien Platz überwintern.

Blüten vergehen, doch das Laub bleibt. Verwenden Sie ein paar Pflanzen mit besonderem und farbigem Laub, wie etwa Purpurglöckchen. Sie haben dann immer eine schöne Dekoration, auch ohne Blüten.

FÜR SCHÖNES LAUB

Laub sieht monatelang gut aus und kann darüber hinaus ebenso farbig und vielfältig sein wie Blüten. Als Mittelpunkt einer Pflanzenkombination im Freien liefert es jede Menge Spannung und Blickfänge.

LEUCHTENDE FARBEN

Blätter sind nicht nur grün – das bunt gemusterte Laub mancher Pflanzen belebt jede Gruppe. Am meisten Variationsbreite besitzen die Funkien, deren panaschierte Formen am meisten Wirkung erzielen: Viele haben weiße oder gelbe Flecken bzw. Streifen. Unter den Purpurglöckchen findet sich eine immer größere Farbpalette für jeden Geschmack. Weil sie mehr oder weniger immergrün sind, sehen sie das ganze Jahr über gut aus und ermöglichen faszinierende Kombinationen mit Blumen. Funkien und Purpurglöckchen bilden dazu Blüten, die Bienen anlocken und den Freiraum beleben.

SPANNENDE FORMEN

Die größten Blätter unter den Gartenpflanzen hat die Zierbanane. Sie braucht zwar im Winter Schutz, doch der Aufwand lohnt sich wegen der riesigen Blätter, die im Sommerwind flattern. Der Echte Honigstrauch *(Melianthus major)* verträgt Kälte besser. Sein graues, üppiges Laub ist genauso auffällig, es steht in deutlichem Kontrast zu fast jeder anderen Pflanze. Neuseelandflachs (*Phormium*) lenkt mit langen, überhängenden, immergrünen Blättern die Blicke auf sich. Diese fantastischen Pflanzen sind für Pflanzgefäße sehr beliebt. Es gibt sie in vielen Größen und Farben, von dunkellila bis rot, rosa und gelb gestreift.

JAHRESZEITLICHER WECHSEL

Die meisten Pflanzen sind im Sommer fülliger und grüner, dagegen bringt das Frühjahr einen farbigen Neuaustrieb. Purpurglöckchen leuchten am stärksten, wenn frisches Laub austreibt, und auch die jungen Wedel des Rotschleier-Wurmfarns (*Dryopteris erythrosora*) wirken im Frühjahr wie im Sommer bunt. Die sich stets verändernde Kulisse hellt schattige Plätze auf. Immergrüne Gräser wie der Blau-Schwingel (*Festuca glauca*) sehen das ganze Jahr über gut aus, während das sommergrüne Japangras (*Hakonechloa macra*) im Frühjahr frisch wirkt, im Sommer seinen überhängenden Wuchs zeigt und im Herbst mit glühender Farbe das Jahresende ankündigt.

AEONIUM

AEONIUM ARBOREUM

Die zähen, trockenheitsverträglichen Pflanzen mit hohen Stängeln und Rosetten aus fleischigen Blättern halten unregelmäßiges Gießen aus und sind leicht zu pflegen. Sie unterscheiden sich in Bezug auf Größe und Farbe, doch alle stehen in spannendem Kontrast zu gewöhnlicheren Pflanzen.

CHARAKTER Kälteempfindliche, sukkulente Staude, braucht Schutz vor Frost und bei Temperaturen unter 5 °C

HÖHE Bis zu 60 cm im Topf

BREITE Bis zu 45 cm im Topf

TOPFGRÖSSE Eine Pflanze pro 20-cm-Topf

JAHRESLAUF

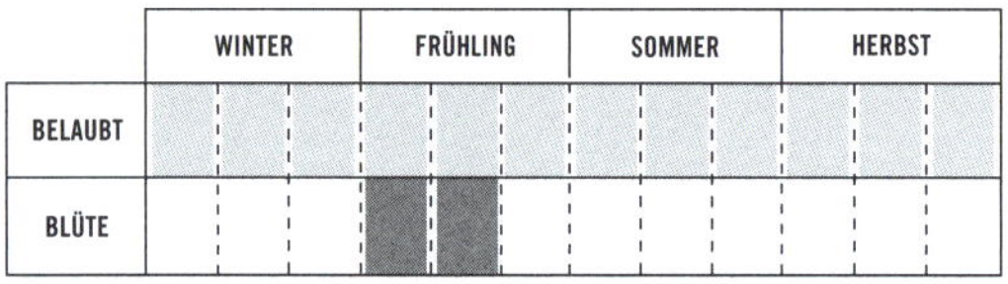

FARBE

BLÄTTER Grün, weiß panaschiert oder schwarzrot

BLÜTEN Gelb

Grüne Aeonium wachsen schneller als schwarzrote. Sie tragen gelbe Blüten.

AUSWAHL

Die architektonische Form und die fleischigen Blattrosetten springen in jeder Umgebung ins Auge. Die altbekannte Sorte 'Zwartkop' hat dunkelrote Blätter rund um eine grüne Mitte. Ähnlich sind 'Poldark' und 'Merry Maiden'. Andere Sorten haben panaschierte Blätter wie etwa 'Sunburst' oder sie wachsen kompakter und verzweigt. Alle brauchen einen sonnigen Standort.

Schwarzrote Aeonium zeigen in der Sonne die schönste Farbe.

GUTE PARTNER Aeonium passt besonders gut zu anderen sonnenliebenden Pflanzen mit markantem und auffälligem Blattwerk.
GROSS *Cordyline australis, Olea europaea, Trachelospermum jasminoides* **MITTEL** *Agapanthus, Correa pulchella, Dahlia* **KLEIN** *Pelargonium, Sempervivum tectorum*

PFLANZEN

Im Frühjahr oder Sommer gekaufte junge Pflanzen setzt man in einen etwas größeren Topf. Wichtig ist wasserdurchlässige Erde wie Kaktuserde oder Kübelpflanzenerde mit Zusatz von Brechsand, Splitt oder Perlit. Die oft kopflastigen Pflanzen bleiben nach dem ersten Einpflanzen nicht leicht aufrecht, vielleicht brauchen sie Stützstäbe, bis sie eingewurzelt sind. Mehr Wirkung erzielen mehrere Pflanzen im Topf.

KULTUR

Gießen Sie diese Sukkulenten nicht übermäßig. Am besten wachsen sie in Stein- oder Tongefäßen, die rasch austrocknen. Zu viel Wasser und Dünger im Sommer führt zu großen Blättern und Rosetten, deren weiche Stängel das Gewicht nicht tragen. Große Rosetten treiben kegelförmige gelbe Blütenstände im Spätfrühling.

PFLEGE Werden die Stängel zu lang, schneiden Sie große Rosetten mit einer Stammlänge von 5 cm oder mehr ab. Sie sollten einen Tag lang trocknen, dann steckt man sie in sandiges Substrat. Die neuen Triebe formen eine buschige Pflanze. Vor dem ersten Herbstfrost kommen die Pflanzen ins Haus. Frost kann die Triebspitzen abtöten. Dickmaulrüssler können schädigen (S. 36).

ROTSCHLEIER-WURMFARN *DRYOPTERIS ERYTHROSORA*

CHARAKTER Winterharte, immergrüne Staude

HÖHE Bis zu 60 cm im Topf

BREITE Bis zu 45 cm im Topf

TOPFGRÖSSE Eine Pflanze pro 30-cm-Topf, drei Pflanzen pro 40-cm-Topf

Das winterharte Gewächs gedeiht im Schatten. Es verknüpft die fedrige Eleganz von Farnwedeln mit aufregenden Tönen in Orange und Bronze. Junge Pflanzen eignen sich für Kombinationen, ältere wachsen für sich im Topf.

JAHRESLAUF

	WINTER	FRÜHLING	SOMMER	HERBST
BELAUBT				
BLÜTE				

FARBE

BLÄTTER Leuchtend orange oder rostbraun im Jugendstadium, älter dunkelgrün

BLÜTEN Keine

Kontrollieren Sie Farne wie diesen *D. filix-mas* auf Dickmaulrüsslerlarven.

Rotschleier-Wurmfarn zeigt im Frühjahr am meisten Farbe.

AUSWAHL

Die grazile, aber winterharte Art gehört zu den Farnen mit der einfachsten Kultur. Die vielen Sorten zeigen kleine Unterschiede in der Farbintensität der Wedel.

Größer wächst die robustere Art *D. filix-mas* mit grünen, aufrecht stehenden Wedeln. *D. cycadina* dagegen hat grobere Wedel und verleiht ein tropisches Flair. An geschützten Plätzen erweist sich die Art als immergrün.

GUTE PARTNER Farne passen von Natur aus gut zu immergrünen Sträuchern und anderen Pflanzen mit elegantem Blattwerk.
GROSS *Acer palmatum, Phyllostachys, Pseudopanax lessonii* **MITTEL** *Helleborus, Lilium, Narcissus* **KLEIN** *Hakonechloa macra, Hosta, Lysimachia nummularia* 'Aurea'

PFLANZEN

Kaufen Sie die Pflanzen zu Beginn der Wachstumszeit, wenn die Blätter jung sind. Setzen Sie sie in eigene Töpfe oder zusammen mit Pflanzen, die ähnliche Ansprüche haben (Schatten und feuchte Erde). Am besten eignet sich lehmhaltiger Kompost, doch Universalerde erfüllt ihre Ansprüche an Feuchtigkeit auch. Mischen Sie Langzeitdünger unter. Junge Pflanzen setzen Akzente unter Solitärsträuchern.

KULTUR

Farne bleiben gesund, wenn sie immer feucht stehen. Der Rotschleier-Wurmfarn zählt zu den bestgeeigneten für Töpfe, doch man darf sie nie vernachlässigen. Während trockener Hitzeperioden rückt man ihre Töpfe unter höhere Gewächse, damit sie nicht verbrennen.

PFLEGE Die Pflanze ist zwar immergrün, doch im Frühjahr sollte man sie ausputzen und alte Blätter entfernen. Dadurch kommt auch der farbige Neuaustrieb besser zur Geltung. Sie können auch formbildend Wedel entfernen, wenn der Farn mit anderen Pflanzen im Topf steht. Wenn die Wuchskraft nachlässt, teilt man ihn und pflanzt neu ein.

ZIERBANANE

ENSETE VENTRICOSUM

Die majestätische Pflanze wird zum absoluten Mittelpunkt einer Gruppe im Schatten einer geschützten Terrasse. Die riesigen Blätter erzeugen einen üppigen Dschungeleffekt. Gut gegossen wächst sogar eine zunächst kleine Zierbanane im ersten Sommer zu einem Prachtstück heran.

CHARAKTER Frostempfindliche, immergrüne Staude, braucht Schutz vor Wind und vor Temperaturen unter 0 °C

HÖHE Bis zu 2,4 m im Topf

BREITE Bis zu 2,4 m im Topf

TOPFGRÖSSE Eine Pflanze pro 30-cm-Topf, braucht nach einem Jahr einen größeren Topf

JAHRESLAUF

	WINTER	FRÜHLING	SOMMER	HERBST
BELAUBT				
BLÜTE				

FARBE

BLÄTTER Leuchtend grün, oft mit roter Mittelrippe, dunkelrot durchzogen bei der Sorte 'Maurelii'

BLÜTEN Unwahrscheinlich im Topf

Grünblättrige Zierbananen wachsen bei guter Versorgung schnell.

AUSWAHL

Die aufregende Art hat große, leuchtend grüne, schaufelartige Blätter, sie wird am häufigsten gezogen. Beliebt ist auch die Sorte 'Maurelii', weil sie dunkelrote Blattstiele und rötliche Blätter hat, die sich in der Sonne am besten ausfärben. Beide wachsen breiter und haben größere Blätter als die Faserbanane (S. 46). Kleiner und ähnlich wächst *Musa lasiocarpa* mit ausgebreiteten graugrünen Blättern.

Die Sorte 'Maurelii' hat kräftig dunkelrote Blattstiele.

GUTE PARTNER Am besten kommt die außergewöhnliche Schönheit mit üppigem Blattwerk und leuchtenden Blüten zur Geltung. **GROSS** *Canna, Miscanthus sinensis, Phyllostachys* **MITTEL** *Melianthus major, Hemerocallis, Phormium* **KLEIN** *Begonia, Dahlia, Pelargonium*

PFLANZEN

Die nicht frostverträgliche Pflanze kann erst im Frühsommer gepflanzt werden. Sie wächst schnell und braucht einen geräumigen Topf. Jede hochwertige Erde eignet sich, fügen Sie aber Langzeitdünger für das hungrige Gewächs dazu.

Die Pflanze wächst über mehrere Jahre. Setzen Sie sie allein in ein Pflanzgefäß oder pflanzen Sie Sommerblumen darum herum, die man im Herbst vor dem Einräumen entfernt.

KULTUR

Von der Düngung und der Wasserversorgung hängt es ab, wie schnell und wie groß die Pflanze wächst. Ein kleines Exemplar kann in einem Sommer leicht 2 m Höhe erreichen, wenn sie feucht steht und wöchentlich gedüngt wird. Knapper gehalten bleibt sie kleiner. Der Standort sollte geschützt sein, damit der Wind die Blätter nicht zerfetzt.

PFLEGE Entfernen Sie ältere, unansehnliche Blätter am Stielansatz. Im Herbst schneiden Sie den Großteil des Blattwerks ab und belassen nur die mittleren, aufrechten Blätter. Die Pflanze kommt für den Winter an einen kühlen, frostfreien Platz. Die Erde muss feucht bleiben und darf nicht austrocknen.

PALISADEN-WOLFSMILCH

EUPHORBIA CHARACIAS

Die buschige mediterrane Pflanze für sonnige Plätze treibt aufrechte elegante Stängel mit graugrünen, fedrigen Blättern. Im Frühjahr erscheinen hellgrüne Blüten.

CHARAKTER Winterharte Staude, Schäden können durch anhaltende Kälte entstehen

HÖHE Bis zu 1 m im Topf

BREITE Bis zu 1 m im Topf

TOPFGRÖSSE Eine Pflanze pro 30-cm-Topf, braucht mit dem Wachstum einen größeren Topf

☼

JAHRESLAUF

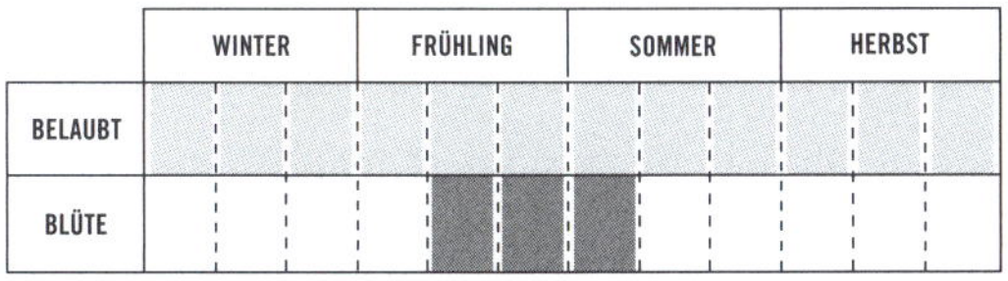

FARBE

BLÄTTER Graugrün, im Winter manchmal rötlich überzogen

BLÜTEN Hellgrün bis gelb

Manche Sorten haben auffällige schwarze Augen statt der gelben Mitte.

Buntlaubige Sorten sind ideal für Töpfe, sie bleiben das Jahr über wüchsig.

AUSWAHL

Man unterscheidet zwei Unterarten: *Euphorbia characias* subsp. *characias* hat dunkle Augen auf den Hochblättern, *E. c.* subsp. *wulfenii* hat eine gelbe Mitte. Die herrliche Sorte *E. characias* 'Tasmanian Tiger' trägt Blätter mit cremefarbenem Rand und wird nur etwa halb so groß wie die reingrüne Art. Für schattige Plätze eignet sich *E.* × *martini* mit dunkelgrünen Blättern und hellgrünen Blüten oder *E. amygdaloides* 'Purpurea' mit roten Blättern und hellgrünen Blüten.

GUTE PARTNER Die graugrünen Blätter und die mediterrane Anmutung passen zu Tontöpfen, in denen andere graulaubige Pflanzen und Gräser wachsen.
GROSS *Cordyline australis, Ficus carica, Olea europaea* **MITTEL** *Chamaerops humilis, Dahlia, Yucca* **KLEIN** *Nerine bowdenii*

PFLANZEN

Die Wolfsmilch braucht tonhaltige Kübelpflanzenerde. Jeder Stängel überdauert zwei Jahre. Er wächst im ersten Jahr zu voller Höhe heran und im Frühjahr des zweiten Jahres blühen die Blütenstände an den Triebspitzen auf, dann stirbt der Trieb ab. Wenn bei einer Pflanze die Blüten braun welken, schneiden Sie den Trieb bis auf neue Austriebe zurück, die im nächsten Jahr blühen.

KULTUR

Eingewachsen zeigt sich die Pflanze trockenheitsverträglich, doch sie wächst besser, wenn sie den Sommer über feucht gehalten wird. Düngen Sie im Frühjahr und Sommer einmal wöchentlich, denn kräftige Triebe blühen im nächsten Frühjahr am besten. Drehen Sie die Pflanze nach Möglichkeit, damit sie gleichmäßig wächst, das ist besonders vor einer Wand wichtig. An exponierten Stellen braucht die Pflanze Schutz vor Windbruch im Winter.

PFLEGE An welken Blüten können Blattläuse (S. 36) auftreten. Entfernen Sie daher abgeblühte Stängel. Der giftige Milchsaft reizt die Haut, tragen Sie daher beim Schneiden Handschuhe und vermeiden Sie den Kontakt mit Hautverletzungen, Augen und Mund.

BLAU-SCHWINGEL *FESTUCA GLAUCA*

Dieses überaus populäre Ziergras zeichnet sich durch seine Haptik und die Färbung der lang gestreckten Blätter aus. Blau-Schwingel sieht allein im Topf genauso gut aus wie in Kombination mit vielen anderen Pflanzen. Eingewachsene Horste können Sie teilen und damit experimentieren.

CHARAKTER Winterhartes, immergrünes, mehrjähriges Gras

HÖHE Bis zu 20 cm im Topf

BREITE Bis zu 20 cm im Topf

TOPFGRÖSSE Drei Pflanzen pro 30-cm-Topf

JAHRESLAUF

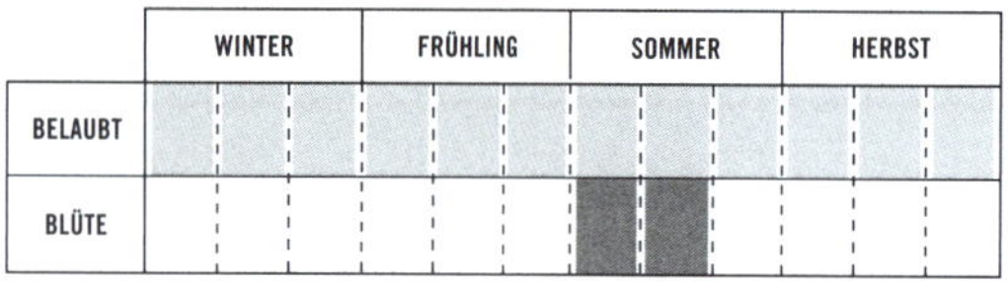

FARBE

BLÄTTER Stahlblau oder grau

BLÜTEN Stahlblau oder grau

In hängenden Töpfen ergänzt Blau-Schwingel (unten) andere Pflanzen.

AUSWAHL

Die vielen Sorten des stahlblauen Ziergrases zeigen subtile Unterschiede: 'Elijah Blue' etwa wächst gedrungen, dagegen wird INTENSE BLUE größer als die meisten anderen und wirkt ein wenig zerzaust. 'Blaufuchs' kommt dem reinen Blau am nächsten, während als völliger Kontrast bei 'Golden Toupee' die Blätter im Frühjahr strahlend gelb austreiben und später gräulich grün werden. Das ebenfalls immergrüne und blaue *Helictotrichon sempervirens* wächst lockerer und höher, nämlich bis 1 m hoch.

Das blaugrüne Laub von *F. glauca* INTENSE BLUE wirkt ganzjährig schön.

GUTE PARTNER Die knackige Färbung harmoniert gut mit Rosa und Grau. Das Gras passt gut zu anderen Sonne liebenden Pflanzen.
GROSS *Juniperus scopulorum* 'Skyrocket', *Olea europaea, Salix integra* 'Hakuro-nishiki' **MITTEL** *Euphorbia characias, Melianthus major, Penstemon* **KLEIN** *Dianthus, Diascia, Lavandula*

PFLANZEN

Blau-Schwingel kann man ganzjährig setzen, doch die beste Zeit zum Teilen und Pflanzen ist das Frühjahr. Die Anzucht erfolgt oft in Universalerde, die aber leicht austrocknet. Wässern Sie daher den Wurzelballen vor dem Einpflanzen gut, damit die Pflanze versorgt ist.

Das Gras verträgt keine penetranten Nachbarn, die es beschatten oder schwächen. Wegen Fäulnisgefahr sollten Sie nicht zu tief pflanzen. Eine durchlässige Erde eignet sich am besten, damit das Gras im Winter nicht zu nass steht.

KULTUR

Halten Sie die Erde gleichmäßig feucht und düngen Sie während der Wachstumszeit einmal wöchentlich. Schlanke blühende Halme erscheinen im Sommer. Sie haben aber geringen Schmuckwert, man schneidet sie ab, bevor sie braun werden. Abgefallene Pflanzenteile sollten nicht auf den Halmen liegen, es könnte zu Fäulnis kommen.

PFLEGE Mit Ausnahme des Entfernens blühender Halme gibt es bis zum Frühjahr nicht viel zu tun. Dann schneidet man die Pflanze auf eine Höhe von etwa 8 cm zurück. Das entfernt die alten braunen Blätter und der Neuaustrieb erscheint. Nach zwei oder drei Jahren kann die Horstmitte verkahlen. Man nimmt die Pflanze auf und teilt sie, um die Stücke wieder einzupflanzen.

FEIGE *FICUS CARICA*

Feigen bilden überaus markante Blätter. Obwohl sie zu großen Sträuchern heranwachsen können, gedeihen Feigen gut in Töpfen, sie bilden bereitwilliger Früchte aus, wenn das Wurzelsystem beschränkt wird. Häufiger Schnitt führt zu großen Blättern für eine subtropische Anmutung.

CHARAKTER Winterharter, laubabwerfender Baum, verträgt milden Frost

HÖHE Bis zu 2,4 m im Topf

BREITE Bis zu 2 m im Topf

TOPFGRÖSSE Eine Pflanze pro 30-cm-Topf, braucht nach einem Jahr einen größeren Topf

JAHRESLAUF

	WINTER	FRÜHLING	SOMMER	HERBST
BELAUBT				
BLÜTE				

FARBE

BLÄTTER Runzelig und dunkelgrün, können im Herbst vor dem Laubfall gelb werden

BLÜTEN sind von außen nicht als solche erkennbar

Feigen lassen sich leicht als Hochstämmchen erziehen.

AUSWAHL

Am häufigsten findet man im Angebot die Sorte *Ficus carica* 'Brown Turkey', das winterharte Gewächs bildet ziemlich zuverlässig Früchte an einem warmen, sonnigen Platz. Die eindrucksvollen großen gelappten Blätter zeigen die typische Feigenblattform. Andere gute Sorten sind zum Beispiel 'Ice Crystal' mit tief eingeschnittenen, filigranen Blättern in Form von Schneeflocken und 'Panachée' mit reingrünen Blättern und Früchten, wobei die Triebe gelb und grün gestreift sind.

GUTE PARTNER Ein subtropischer Eindruck entsteht in Kombination mit großblättrigem Laub oder strahlenden Sommerblumen. **GROSS** *Canna, Musa basjoo* **MITTEL** *Choisya, Melianthus major, Phormium* **KLEIN** *Dahlia, Osteospermum, Pelargonium*

PFLANZEN

Feigen pflanzt man in durchlässige und humose Erde und hält sie vom Platz her eher knapp, um das Wachstum zu beschränken, dafür aber die Fruchtbildung anzuregen. Zieht man sie wegen des Blattwerks, ist dies nicht nötig. Setzen Sie eine neu gekaufte Pflanze in ein etwas größeres Pflanzgefäß und topfen Sie sie nach einem Jahr um. Feigen vertragen Trockenheit, doch sie wachsen gut gegossen und gedüngt besser.

KULTUR

Halten Sie die Erde feucht und düngen Sie einmal wöchentlich. Feigen können lange Triebe entwickeln, doch man kann im Frühjahr oder zu beliebiger Zeit im Sommer schneiden. Triebspitzen entfernt man im Hochsommer, um die Bildung von Seitentrieben anzuregen, an denen winzige Früchte den Winter überstehen. Diese reifen im nächsten Sommer.

PFLEGE Damit sich das spektakuläre Blattwerk zu Lasten der Früchte ausbildet, schneiden Sie die Triebe im Frühling stark zurück. Der kräftige Stamm wird große Blätter entwickeln. Im Herbst wird das Laub gelb und fällt ab.

Wenn Sie Früchte haben wollen oder in rauem Klima wohnen, müssen Sie die Pflanze während Kälteperioden mit einer Vliesabdeckung schützen oder Sie stellen die Pflanze ins Haus. Alle Triebe, die Kälteschäden erlitten haben, werden im Frühjahr zurückgeschnitten.

Beim Schnitt im Frühjahr entfernen Sie lange, wirr wachsende Triebe.

JAPANGRAS

HAKONECHLOA MACRA

Dieses Gras wirkt kompakt und klar umrissen. Es formt mit der Zeit gewölbte Wuschelköpfe mit elegant überhängenden, schmalen Blättern. Es steht in schönem Kontrast zu massiverem Blattwerk. In einem hohen Topf kommt die elegante Wuchsform voll und ganz zur Geltung.

CHARAKTER Winterharte Staude
HÖHE Bis zu 30 cm im Topf
BREITE Bis zu 45 cm im Topf
TOPFGRÖSSE Eine Pflanze pro 30-cm-Topf, drei Pflanzen pro 40-cm-Topf

JAHRESLAUF

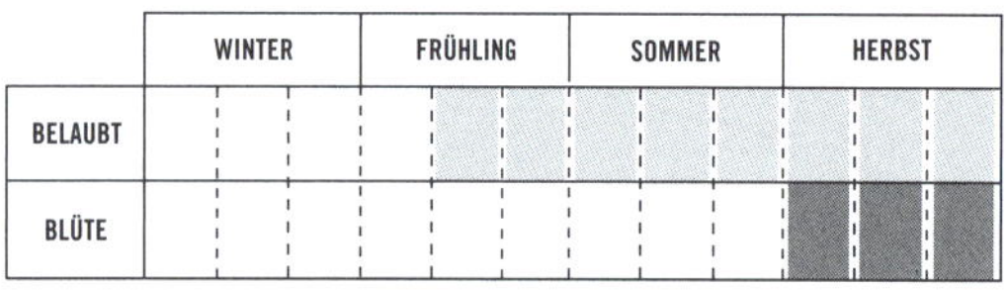

FARBE

BLÄTTER Mittelgrün oder gelb gestreift, auch ganz gelb, je nach Sorte

BLÜTEN Grün

AUSWAHL

Diese anmutige Pflanze hat grüne oder gelbe Blätter, die sich im Herbst rotbraun verfärben, hervorgehoben noch durch die feinen Blütenstände.

Bei der beliebten Sorte 'Aureola' sind die Blätter grün und gelb gestreift. 'Alboaurea' hat stärker leuchtende panaschierte Blätter und 'All Gold' hat reingelbe Blätter. Die Wuchsform ist gleich.

Horste mit gelbgrünen überhängenden Blättern bringen Farbe und Leben.

An stärker beschatteten Plätzen können Sie es mit dem gelben Gras *Milium effusum* 'Aureum' versuchen. Es wächst aufgelockert durch andere Pflanzen hindurch und kann sich selbst aussäen.

GUTE PARTNER Schöne Kontraste entstehen mit roten und orangefarbenen Blüten sowie mit runden Blättern und aufrechten Pflanzen.
GROSS *Acer palmatum, Fatsia japonica, Hedera colchica* **MITTEL** *Buxus sempervirens, Lilium, Sarcococca* **KLEIN** *Dryopteris erythrosora, Heuchera, Hosta*

PFLANZEN

Jungpflanzen kann man ganzjährig eintopfen, am besten in lehmhaltige Erde. Solange sie jung sind, wachsen sie einseitig. Erst nach ein paar Jahren zeigt sich die endgültige Wuchsform. Das Gras kann in großen Töpfen unter großen Sträuchern wachsen, aber ebenso in Fensterkästen und Hängekörben, wo es über die Ränder herabhängt.

KULTUR

Halten Sie die Erde feucht und düngen Sie einmal wöchentlich, um kräftiges Wachstum zu fördern. Weil es auf das Blattwerk ankommt, wählt man einen Universaldünger, keinen Blühdünger. War die Pflanze einmal ausgetrocknet oder stand sie an einem heißen Platz, kann das Laub verbrennen oder ausbleichen. Im Schatten wachsen die Pflanzen weniger aufrecht. Schützen Sie sie im Frühjahr vor Schneckenfraß.

PFLEGE Das verbräunte Blattwerk wird im Herbst oder spätestens im Frühjahr zurückgeschnitten, bevor der Neuaustrieb erscheint. Alte oder zu dichte Pflanzen kann man im Frühjahr austopfen, teilen und die Teilstücke in neue Töpfe einsetzen.

Die Blätter schneidet man im Herbst, wenn sie sich rotbraun verfärben.

PURPURGLÖCKCHEN

HEUCHERA

Purpurglöckchen besitzen die größte Farbenvielfalt von immergrünem Blattwerk. Die Blätter in ihrer Buntheit leuchten beim Neuaustrieb im Frühjahr am stärksten.

CHARAKTER Winterharte Staude mit immergrünem Laub

HÖHE Blätter bis zu 25 cm, Blütenstände bis zu 45 cm im Topf

BREITE Bis zu 25 cm im Topf

TOPFGRÖSSE Eine Pflanze pro 20-cm-Topf, drei Pflanzen pro 30-cm-Topf

JAHRESLAUF

	WINTER			FRÜHLING			SOMMER			HERBST		
BELAUBT	■	■	■	■	■	■	■	■	■	■	■	■
BLÜTE						■	■	■				

FARBE

BLÄTTER Je nach Sorte matt oder glänzend grün, rotschwarz, violett, orange, rot oder gelb

BLÜTEN Meist klein und weiß, auch rosa, rot, gelb oder orange

'Sweet Tea' wächst kräftig, hat zierliche Blüten im Sommer und zeigt immer Farbe.

AUSWAHL

Dunkellaubige Sorten wie 'Obsidian' heben sich vor silbrigen und grauen Blättern ab. Sie sehen in der Sonne am besten aus. Die leuchtende Sorte 'Lime Marmalade' und die schimmernde 'Lime Rickey' erhellen schattige Bereiche. 'Fire Alarm' und 'Cherry Cola' haben feurig gelbe und orangefarbene Blüten. Die Hybriden × *Heucherella* 'Sweet Tea' und 'Brass Lantern' wachsen mehr ausgebreitet und gedeihen am besten im Schatten.

GUTE PARTNER Im Sommer und Winter ergeben sich schöne Kombinationen mit lebhaften Farben. **GROSS** *Acer palmatum*, *Salix integra* 'Hakuro-nishiki', *Hydrangea anomala* **MITTEL** *Astelia chathamica*, *Buxus sempervirens*, *Phormium* **KLEIN** *Euonymus fortunei*, *Hakonechloa macra*, *Helleborus*

PFLANZEN

Purpurglöckchen kann man ganzjährig pflanzen, sie eignen sich für sommerliche wie für winterliche Töpfe. Sie brauchen eine nährstoffreiche, lockere Erde, die nicht nass sein darf.

Man setzt diese Pflanzen genauso tief ein, wie sie zuvor im Topf standen, nicht zu tief. Sie entwickeln sich gut neben anderen Pflanzen, daher kann man sie mit beliebigen Blüten und Blattwerk im Topf kombinieren. Zwiebelblumen bereichern die Gestaltung mit Purpurglöckchen im Frühjahr.

Sorten mit dunklen Blättern wirken gut neben lebhaft grünem Laub.

KULTUR

Die Pflanzen wachsen an einem sonnigen Platz kompakter und blühen reicher. Halten Sie die Erde feucht und düngen Sie im Sommer einmal wöchentlich, um ein gesundes Blattwerk zu fördern. Welke Blütenstände werden ausgeschnitten. Neues Laub bedeckt im Sommer die alten Blätter und sieht den ganzen Sommer über gut aus. Schneiden Sie für ein gepflegtes Aussehen im Herbst und Frühjahr ältere äußere Blätter weg.

PFLEGE Die häufigsten Schädlinge sind Dickmaulrüsslerlarven (S. 36). Sie fressen an den Wurzeln, sodass das Wachstum stockt. Unansehnliche ältere Pflanzen mit kahlen Trieben werden ausgegraben, geteilt und neu gepflanzt.

FUNKIE *HOSTA*

Diese winterharten Stauden kultiviert man vorwiegend wegen ihres Blattwerks. Das Laub stirbt im Herbst ab, frischer Austrieb erscheint im Frühjahr. Es gibt Hunderte von Sorten, die eine enorme Variationsbreite in Bezug auf Größe und Blattfarbe bieten.

CHARAKTER Winterharte Staude
HÖHE 10 cm–1 m oder mehr im Topf
BREITE 15–90 cm oder mehr im Topf
TOPFGRÖSSE Eine bis drei Pflanzen pro 30-cm-Topf, je nach Größe der Sorte

JAHRESLAUF

	WINTER			FRÜHLING			SOMMER			HERBST		
BELAUBT				■	■	■	■	■	■	■	■	
BLÜTE						■	■	■				

FARBE

BLÄTTER Gelb, grün, blaugrau oder panaschiert
BLÜTEN Weiß, lila, rosalila oder violett

GUTE PARTNER Durch die Vielfalt an Formen und Farben gibt es unzählige Kombinationsmöglichkeiten. Das große, runde Laub passt gut zu schmalem Laub wie von Gräsern und zu zierlichen ornamentalen Farnen.
GROSS *Acer palmatum, Canna, Hedera*
MITTEL *Dryopteris, Hakonechloa, Hemerocallis* **KLEIN** *Helleborus, Heuchera, Narcissus*

AUSWAHL

Funkien unterscheiden sich in ihrem Aussehen und in ihren Ansprüchen, doch alle wollen ein feuchtes Substrat und einen hellen Platz abseits der prallen Sonne. Sie bieten eine große Bandbreite an Blattfarben, doch die Auswahl muss zur jeweiligen Situation passen: Funkien mit gelben Blättern brauchen etwas Sonne, um ihre Färbung voll zu entwickeln, während blaugraue Sorten Halbschatten benötigen. In der Sonne verlieren sie ihren wachsartigen Blattüberzug und verbrennen. Die meisten panaschierten Sorten entwickeln sich am besten, wenn sie für einen halben Tag Sonne bekommen.

Pflanzen in sehr unterschiedlichen Größen kann man in kleinen, flachen Schalen oder in Fensterkästen verwenden, große Exemplare im Topf. Zu den größten Sorten zählt 'Empress Wu', die im Topf 1 m oder mehr hoch wird, ebenso 'Guacamole', 'Fried Green Tomatoes' und 'Sum and Substance', die duftende Blüten haben.

Unter den kleinsten finden sich 'Blue Mouse Ears' und die gerade einmal 10 cm kleine, panaschierte 'Pandora's Box'. Hunderte andere Sorten bewegen sich dazwischen. 'Praying Hands' und 'Hands Up' haben aufrechte Blätter, 'Krossa Regal' wächst aufrecht-überhängend. Die schmalblättrige 'Ginko Craig' und 'Tattle Tails' bilden bald ausgebreitete Horste.

'Hands Up' besitzt auffälliges und ungewöhnliches Laub für die Topfkultur.

Großblättrige Funkien sorgen für einen üppigen Eindruck im Schatten.

PFLANZEN

Funkien kann man das ganze Jahr über pflanzen, doch im Frühjahr und Sommer erzielt man die schnellste Wirkung. Pflanzen Sie in lehmhaltige Universalerde. Gießen Sie wie gewohnt vor dem Pflanzen gut an und schlämmen Sie nach dem Einsetzen gründlich ein, damit sich die Erde setzen kann. Pflanzen Sie im Frühjahr und enthält die Pflanze viele Triebe, können Sie den Ballen vorsichtig teilen. Dafür schütteln Sie alle überflüssige Erde ab und schneiden den Horst in zwei oder mehr Teile. Jedes Teilstück muss mindestens einen Trieb haben. Die Tochterpflanzen brauchen gute Pflege, bis sie eingewachsen sind.

Stellen Sie die Töpfe zunächst im Halbschatten auf, bevor Sie es mit einem helleren Standort versuchen.

Wenn Neuaustrieb im Frühjahr erscheint, durchschneiden Sie das holzige Rhizom und topfen Teilstücke neu ein.

KULTUR

Die Erde muss immer feucht sein, damit das Blattwerk gesund bleibt. Die im Frühjahr erscheinenden Blätter bleiben den ganzen Sommer, oft erscheint zur Sommermitte ein weiterer Austrieb in Verbindung mit der Blüte. Düngen Sie entweder einmal wöchentlich mit einem Universaldünger oder geben Sie Langzeitdünger, um das Wachstum aufrechtzuerhalten. Damit die Pflanzen ordentlich aussehen, schneiden Sie welke Blütenstände unten ab.

Blaublättrige Funkien verbrennen in der prallen Sonne. Falls dies passiert ist, stellen Sie die Pflanze an einen schattigen Platz. Herabgefallene Blätter und Blüten von höheren Sträuchern können zu Verfärbungen führen, wenn sie auf dem Laub liegen bleiben.

Schnecken fressen an den Blättern und richten monatelang sichtbare Schäden an. Man muss die Pflanzen ab dem Austrieb im Frühjahr schützen. Schaden lässt sich durch gute Hygiene klein halten: Abgefallene Blätter um die Töpfe entfernen, nach Schnecken absuchen und die Erde mit Splitt abstreuen.

Schnecken fressen oft an den Blättern, besonders bei feuchtem Wetter.

PFLEGE Die langlebigen Stauden können viele Jahre lang in ihren Töpfen bleiben. Wenn im Herbst die Blätter gelb werden und absterben, schneidet man sie zusammen mit verbliebenen Blütenständen ab, um Verstecke für Schnecken zu beseitigen. Die Töpfe bleiben im Winter draußen, doch im Regenschatten des Hauses müssen Sie gießen. Falls die Pflanzen womöglich zu dicht im Topf wachsen, setzen Sie sie in ein größeres Pflanzgefäß um oder teilen Sie und setzen ein paar Teilstücke in den ursprünglichen Topf zurück. Dies geschieht am besten zur Zeit des Neuaustriebs im Frühjahr.

Die meisten Funkien erreichen ihr volles Potenzial nach Jahren noch nicht. Oft zeigen erst ausgewachsene Pflanzen ihre volle Blatt- und Wuchsgröße sowie das Blattmuster. Teilen kann die Entwicklung beeinträchtigen, die Pflanzen wachsen vielleicht erst nicht so gut. Einfaches Umtopfen wirkt sich nicht aus, vielmehr entwickeln sich danach oft größere Blätter.

Im Herbst vergilbt das Laub. Schneiden Sie abgestorbene Blätter weg.

ECHTER HONIGSTRAUCH

MELIANTHUS MAJOR

Der ornamentale, immergrüne Strauch lenkt mit seinem schönen, auffällig gefiederten, silbrigen Blattwerk alle Blicke auf sich. Man kann ihn niedrig und buschig erziehen oder als hohen Strauch, je nachdem wie man schneidet und wie der Winterschutz aussieht. Die roten Blüten bieten viel Nektar.

CHARAKTER Forstempfindlicher Halbstrauch, braucht Schutz unter 0 °C, übersteht kurze Frostperioden

HÖHE Bis zu 2 m im Topf

BREITE Bis zu 1 m im Topf

TOPFGRÖSSE Eine Pflanze pro 30-cm-Topf, braucht nach ein paar Jahren einen größeren Topf

JAHRESLAUF

	WINTER			FRÜHLING			SOMMER			HERBST		
BELAUBT	■	■	■	■	■	■	■	■	■	■	■	■
BLÜTE					■	■	■					

FARBE

BLÄTTER Stahlgrau, Blätter können im Winter abfallen

BLÜTEN Weinrot

AUSWAHL

Der Echte Honigstrauch ist die am weitesten verbreitete *Melianthus*-Art. Mit den großen auffällig gesägten Blättern erzielt sein Blattwerk die stärkste Wirkung. Die dunkelroten Blüten haben weiteren Schmuckwert. Sie erscheinen an den Trieben des Vorjahres, die den Winter überstanden haben.

Der metallische Schimmer der Blätter bereichert jeden Garten.

Ein Honigstrauch eignet sich nur für extrem milde Standorte oder wenn Schutz vor Frost gewährleistet ist. Weil aber das Hauptaugenmerk auf dem zauberhaften, üppigen Blattwerk liegt, lohnt sich die Kultur, auch wenn starker Frost die Triebe zerstört hatte.

GUTE PARTNER Der Honigstrauch passt zu üppigem Blattwerk und fülligen Pflanzen, ebenso zu riemenförmigen Blättern. **GROSS** *Canna, Fatsia japonica, Musa basjoo* **MITTEL** *Euphorbia, Hemerocallis, Phormium* **KLEIN** *Carex, Pelargonium*

PFLANZEN

Die stark wachsende, große Pflanze wird für mehrere Jahre in ihrem Topf bleiben. Pflanzen Sie in strukturstabile Kübelpflanzenerde und setzen Sie Sommerblumen an den Rand. Kleine Pflanzen werden aber leicht überwachsen. Setzen Sie den Honigstrauch im Frühjahr, damit er bis zum Winter gut eingewachsen ist.

KULTUR

Das Wachstum hängt vom Wässern und Düngen ab. Halten Sie die Erde feucht und düngen Sie einmal wöchentlich, um die Bildung kräftiger Triebe und großer Blätter anzuregen. Die Pflanze entwickelt sich üppiger an einem sonnigen, warmen, geschützten Platz. Bei zu wenig Licht werden die Triebe schwach und müssen gestützt werden. Wüchsige Pflanzen bilden von unten her viele neue Triebe.

PFLEGE Ernste Kälte vernichtet die Triebe. Nur in einem geschützten Innenhof kann die Pflanze im Freien bleiben, wenn das Herz eine Strohabdeckung erhält. Besser aber überwintert die Pflanze im Haus.

Leichter Frost stoppt das Wachstum, schädigt aber die Blätter kaum.

NEUSEELANDFLACHS

PHORMIUM

Neuseelandflachs bietet sehr unterschiedliche Erscheinungsformen – von klaren Büscheln farbenprächtiger Blätter bis hin zu großem, überhängendem Laub, das jede Pflanzengruppe beherrscht. Die immergrünen Pflanzen vertragen windreiche Standorte, aber keine starke Kälte.

CHARAKTER Immergrüne Staude, wenig frostverträglich, braucht Schutz bei starker Kälte

HÖHE 45 cm–2,4 m, je nach Form

BREITE 60 cm–2,4 m, je nach Form

TOPFGRÖSSE Eine Pflanze pro 30-cm-Topf

☼ ◑

JAHRESLAUF

	WINTER			FRÜHLING			SOMMER			HERBST		
BELAUBT	■	■	■	■	■	■	■	■	■	■	■	■
BLÜTE									■	■	■	

FARBE

BLÄTTER Grün, violett, rot, rosa, gelb oder creme

BLÜTEN Dunkelrot

Hohe Pflanzgefäße betonen das überhängende Laub zwergiger Formen.

AUSWAHL

Die außergewöhnlichen riemenförmigen Blätter weisen unterschiedliche Farben und Muster auf. Es gibt zwei Arten: Die kleine Art *Phormium colensoi* hat überhängende Blätter. *P. tenax* wächst deutlich höher und eher aufrecht mit hoch aufstrebenden Blütenständen. Aus diesen beiden Arten sind viele Hybriden mit bunten Blättern hervorgegangen, etwa 'Bronze Baby' mit dunkelbraunen Blättern, 'Yellow Wave' und 'Duet' haben gelb gestreifte Blätter, bei 'Pink Panther' und 'Flamingo' sind die Blätter rosa gestreift.

GUTE PARTNER Das architektonische Blattwerk sieht fantastisch neben anderem markantem Laub aus. Die Farben passen in viele Kombinationen.
GROSS *Ensete ventricosum, Fatsia japonica, Hedera* **MITTEL** *Chamaerops humilis, Melianthus major, Pseudopanax lessonii* **KLEIN** *Alstroemeria, Correa pulchella*

PFLANZEN

Die robusten Pflanzen halten Trockenheit aus, aber sie erweisen sich in Topfkultur als frostempfindlich. Im Winter müssen Topf und Pflanze geschützt werden. In den kältesten Wochen sollte die Pflanze im Haus stehen.

Pflanzen Sie im Frühling oder im Sommer in lehmhaltige Blumenerde mit Langzeitdünger. Pflanzen Sie so tief, wie die Pflanze zuvor stand, niemals tiefer.

KULTUR

Halten Sie die Pflanze feucht und in voller Sonne. Im Schatten verlieren die Blätter ihre typische Färbung und können schlaff werden. Alte, verbräunte Blätter ziehen Sie heraus oder Sie schneiden sie ab. Gesunde Pflanzen treiben hohe Blütenstände mit dunkelroten Röhrenblüten. Wenn sie welken, schneidet man sie am Grund ab.

PFLEGE Im Frühjahr entfernt man alle unansehnlichen Blätter. Schneiden Sie sie nicht quer durch, denn die Schnittstellen verfärben sich braun und sehen hässlich aus. Entfernen Sie die Blätter komplett, falls die Pflanzen zu groß für die gewünschte Wirkung werden. Vom Wind gepeitschte Blätter können Schäden an Nachbarpflanzen hervorrufen.

Die Blätter darf man nie durchschneiden. Es würde das Erscheinungsbild stören.

Jeder Garten braucht ein paar Pflanzen, die mit Gewissheit möglichst lange blühen und somit bunte Wolken von Blüten bereitstellen wie diese großartige Strauchmargerite neben Nemesien.

FÜR FARBE

In jedem Garten stellt Farbe einen bedeutenden Faktor dar, der auf vielfältige Weise eingesetzt wird: um besondere Spannung zu erzeugen, um eine starke oder feinsinnige Wirkung zu erzielen oder einfach nur, um Akzente zu setzen.

SCHÖNE ZWIEBELBLUMEN

Zwiebelblumen bringen Farbe in den Garten oder in den Innenhof. Sie brauchen nur sehr wenig Platz und man kann sie unter andere Pflanzen setzen, damit sie darüber und dazwischen blühen. Lilien bieten eine riesige Bandbreite an Farben und Formen, viele von ihnen duften stark. Herrliche Farbe liefern im Frühling die Narzissen. Für kleine Töpfe und Fensterkästen wählt man Zwergformen, höhere Sorten setzt man in große Pflanzgefäße, wo sie durch Frühlingsblumen und Stauden hindurchwachsen. Die Pflege ist einfach, der Schmuckwert groß. Die Zwiebeln können für mehrere Jahre im Topf bleiben und sehen in jedem Frühjahr schöner aus.

STAUDEN NICHT VERGESSEN

Üblicherweise befüllt man Pflanzgefäße mit Sommerblumen, die man jedes Jahr im Frühling erneuert. Langlebige Stauden bieten aber ebenso faszinierende Möglichkeiten. Sie liefern Blüten und Blätter in Fülle und treiben jährlich neu aus. Inkalilien sind für geschützte Innenhöfe unentbehrlich. Es gibt sie in verschiedenen Wuchshöhen und Farben. Alle blühen ununterbrochen vom Frühsommer bis zum Spätherbst, sind einfach in der Pflege und bereiten keine Probleme. Taglilien haben kräftige, übergeneigte Blätter. Ihre herrlichen Blüten bringen einen Hauch von Glamour. Die zuverlässigen und leicht zu ziehenden Taglilien werden von Jahr zu Jahr größer und schöner.

KÄLTEEMPFINDLICHE BLUMEN

Setzen Sie auch ein paar kälteempfindliche Sommerblumen in auffälligen Farben für monatelangen Blütenschmuck. Haben sie erst einmal zu blühen begonnen, hält die Pracht bis zu den ersten Frösten im Herbst an. Die meisten kann man frostfrei überwintern, doch auch einjährig kultivierte und dann entsorgte Pflanzen lohnen sich wegen der langen Blütezeit. Zu den beliebtesten Sommerblumen zählen altbewährte wie Studentenblumen und Dahlien, doch ebenso die neu eingeführten Nemesien und Elfensporne, die man zunehmend schätzt, weil sie über so viele Monate hinweg blühen.

INKALILIE *ALSTROEMERIA*

An jedem sonnigen Platz bilden Inkalilien dichte Stöcke aus üppigem Laub, bedeckt mit langlebigen Blüten. Die ausgedehnte Farbpalette bietet Spielraum für wagemutige Gestaltungen. Die Pflanzen halten sich für viele Jahre im Topf und ihre Attraktivität nimmt von Jahr zu Jahr zu.

CHARAKTER Nicht zuverlässig winterharte Staude, braucht Schutz unter –5 °C

HÖHE 15 cm–1 m im Topf

BREITE 30–60 cm im Topf

TOPFGRÖSSE Eine Pflanze pro 30-cm-Topf

☼

JAHRESLAUF

	WINTER			FRÜHLING			SOMMER			HERBST		
BELAUBT					■	■	■	■	■	■	■	■
BLÜTE						■	■	■	■	■	■	

FARBE

BLÄTTER Sattgrün, manchmal panaschiert

BLÜTEN Weiß, gelb, orange, rot, rosa, violett oder zweifarbig

AUSWAHL

Inkalilien unterscheiden sich stark in der Wuchshöhe: Mehr in die Breite wachsen die Inca- und die Princess-Serie, ihre Wuchshöhe beträgt weniger als 30 cm. Die Inticancha-Serie wird 40 cm hoch und die Stängel der Summer-Paradise-Serie erreichen 1 m Höhe. Unter den Farben finden sich alle Töne außer Blau. Summer Breeze bringt orangefarbene Blüten über bronzebraunem Laub.

Indian Summer bildet orangefarbene Blüten über bronzebraunen Blattbüscheln.

Sie alle blühen den ganzen Sommer hindurch. Niedrige Formen passen in Fensterkästen, langstielige liefern Schnittblumen.

GUTE PARTNER Man setzt Inkalilien in einen eigenen Topf, kombiniert sie aber mit leuchtenden Sommerblumen und auffälligen Blattpflanzen.
GROSS *Canna, Lathyrus odorata, Olea europaea* **MITTEL** *Agapanthus, Nerium oleander, Penstemon* **KLEIN** *Dianthus, Heuchera, Lavandula*

PFLANZEN

Die Pflanzen vertragen Störungen des Wurzelwerkes schlecht, pflanzen Sie daher nur kleine, wachsende Pflanzen und keine trockenen Rhizome, die man im Beutel kaufen kann. Setzen Sie die Pflanzen in lehmhaltige Erde.

Winterharte Sorten können im Winter draußen bleiben. Kleiden Sie die Töpfe mit Luftpolsterfolie aus (S. 33) und setzen Sie die Pflanze etwa 5 cm tiefer ein, als sie zuvor stand. Junge Triebe erfrieren im Frühjahr leicht und brauchen Schutz vor Frost.

Inkalilien kauft man als junge Pflanzen im Topf, sie wachsen schnell an.

KULTUR

Junge Pflanzen bilden aufrechte Stängel ohne Blüten. Nach dem Einwachsen wird jeder Trieb einen Blütenstand entwickeln. Halten Sie die Erde feucht und düngen Sie einmal wöchentlich. Entfernen Sie abgeblühte Stängel durch Abdrehen und Abziehen aus der Erde. Sie stören das Gesamtbild.

PFLEGE Nach dem ersten starken Frost im Herbst stirbt das Laub ab und sollte entfernt werden. Die Töpfe mit winterharten Sorten können im Freien bleiben, sollten aber vor Nässe und Kälte geschützt werden. Wenn Wurzeln und Triebe den Topf ausfüllen, muss man sie in ein größeres Pflanzgefäß umtopfen. Man könnte die Pflanzen teilen, lässt das Wurzelwerk aber besser ungestört.

ZWEIZAHN *BIDENS FERULIFOLIA*

Die drahtigen Stängel des Zweizahns breiten sich mit feinen Blättern und Korbblüten, die Insekten anlocken, zwischen anderen Pflanzen und über den Gefäßrand hinweg aus. Neben der gelb blühenden Art gibt es neue Sorten mit kompakterem Wuchs und Blüten in Orange, Weiß und Rosa.

CHARAKTER Nicht winterharte Staude, als Einjährige gezogen, braucht Schutz vor Frost

HÖHE Bis zu 20 cm im Topf

BREITE Bis zu 30 cm im Topf

TOPFGRÖSSE Drei Pflanzen pro 30-cm-Topf

JAHRESLAUF

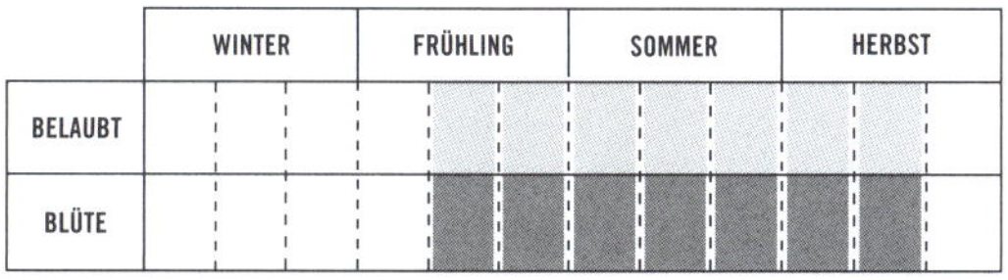

FARBE

BLÄTTER Sattgrün, zierlich geteilt

BLÜTEN Gelb, orange, weiß, oder rosa

Die leuchtend gelben Blumen sind ideal für Wandtöpfe und Hängekörbe.

AUSWAHL

Die Ausgangsart *B. ferulifolia* mit ihren leuchtend grünen Blättern und sattgelben Blumen sieht man nur noch selten. Sie wurde nach und nach durch kompaktere Sorten mit einer größeren Farbenvielfalt verdrängt. 'Pink Princess' und 'Pretty in Pink' liefern neuerdings rosa Blumen mit einer dunkleren Mitte rund um das gelbe Auge. Zu den neueren orangefarbenen Sorten zählen die Bee-Serie, Bee-Happy-Serie und Beedance-Serie. Die Sundrop-Serie bringt lebhaft gelbe Blumen auf gedrungenen Pflanzen.

GUTE PARTNER Es ergeben sich schöne Kombinationen mit anderen Sommerblumen. Die sonnigen Blumen passen gut zu feurigen Farben.

GROSS *Canna, Nerium oleander, Olea europaea* **MITTEL** *Dahlia, Lilium, Pelargonium* **KLEIN** *Begonia, Calibrachoa, Lysimachia nummularia* 'Aurea'

PFLANZEN

Üblicherweise kauft man kleine eingetopfte Pflanzen. Solange sie jung sind und bei kühlen Temperaturen, reagieren sie empfindlich auf zu viel Wasser. Schützen Sie sie vor Frost. Setzen Sie die Pflanzen mit ihrem buschigen, hängenden Wuchs an den Topfrand. Durch die kleinen Blätter eignen sie sich für exponierte Standorte.

KULTUR

Halten Sie die Erde feucht und düngen Sie wöchentlich, um die Pflanzen wüchsig zu halten. Durch Ausputzen erhält man das hübsche Aussehen. Die Pflanzen wachsen in voller Sonne kompakter und blühen besser, aber sie gedeihen auch an halbschattigen Plätzen.

PFLEGE Nach ein paar Monaten muss man sie eventuell zurückschneiden, um den Neuaustrieb anzuregen, wenn weitere Blüten ausbleiben. Gewöhnlich verwirft man die Pflanzen am Sommerende, doch Stecklinge bewurzeln leicht und Jungpflanzen können an einem hellen frostfreien Platz überwintern.

Adrett bleiben die Pflanzen, wenn man welkende Blütenköpfchen auszwickt.

DAHLIE *DAHLIA*

Dahlien werden wegen ihrer farbenprächtigen Blüten in vielen Formen und Größen geschätzt: Es können Riesen sein oder Zwerge und die beliebtesten haben dunkles braunviolettes Laub. Sie blühen und erfreuen einen den ganzen Sommer über bis zum ersten Frost, vor allem bei genug Wasser und Sonne.

CHARAKTER Nicht winterharte Knollenpflanze, braucht Schutz unter 5 °C im Wachstum und unter 0 °C im Ruhezustand

HÖHE 20 cm–1,5 m im Topf

BREITE 20–90 cm im Topf

TOPFGRÖSSE Eine bis fünf Pflanzen pro 30-cm-Topf, je nach Sorte, hohe Typen brauchen einen 40-cm-Topf

☼

JAHRESLAUF

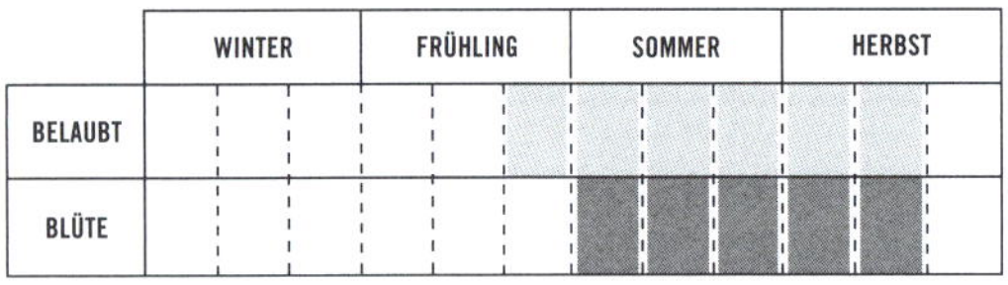

FARBE

BLÄTTER Grün

BLÜTEN Weiß, cremefarben, gelb, orange, rot, rosa, lila oder violett, häufig zweifarbig

Schlafende Knollen treiben in einem Topf oder niedrigen Kiste im Warmen aus.

AUSWAHL

Dahlien stehen in sehr unterschiedlichen Formen, Größen und Farben zur Verfügung. Unter den Zwerg-Dahlien bietet die Dahlietta-Serie hübsche gefüllte Blüten an kompakten Pflanzen. Die Gallery-Serie liefert Blüten in voller Größe und in vielen Farben an kompakten Pflanzen von etwa 45 cm Höhe. Die Happy-Single-Serie hat große einfache Blüten und dunkle Blätter. Die Sorten der 1 m hohen Bishop-Serie haben rötliches Laub.

Größere Dahlien im eigenen Topf blühen den ganzen Sommer hindurch.

GUTE PARTNER Durch ihre Vielfalt eignen sich Dahlien als hübsche Pflanzen im Kasten oder als auffällige Hingucker in einem grünen »Dschungel«.
GROSS *Canna, Ensete ventricosum, Miscanthus sinensis* **MITTEL** *Alstroemeria, Lathyrus odoratus, Lilium* **KLEIN** *Osteospermum, Pelargonium, Petunia*

PFLANZEN

Die trockenen Knollen, die man kaufen kann, pflanzt man im Spätfrühling etwa 8 cm tief ein. Man kann sie auch im zeitigen Frühjahr an einem warmen frostfreien Platz eintopfen und zum Austrieb anregen. Austreibende Knollen können Sie in Stücke mit je mindestens einem Trieb teilen. Zwergformen lassen sich im zeitigen Frühjahr auch im Warmen aussäen. Deren Knollen kann man für Folgejahre aufbewahren. Schnelle Ergebnisse bringen wachsende Pflanzen, die man im Sommer kauft. Ausgepflanzt wird erst Mitte Mai.

KULTUR

Dahlien wollen einen sonnigen Platz, außerdem reichlich Wasser und Nährstoffe. Fehlt Wasser, wachsen sie schlecht und bilden wenig Blüten. Junge Triebe sind sehr anfällig für Schneckenfraß. Zwicken Sie bei hohen Pflanzen die Triebspitzen aus, wenn der Aufwuchs etwa 15 cm hoch ist. Sie verzweigen sich daraufhin und bilden mehr Blumen. An windexponierten Stellen brauchen hohe Dahlien eine Stütze. Welke Blumen schneiden Sie mit den Stielen ab, um die Samenbildung zu unterbinden.

PFLEGE Im Herbst tötet der Frost das Laub ab. Schneiden Sie die Pflanzen auf 8 cm Höhe zurück und nehmen Sie sie aus der Erde. Die Knollen sollen an einem kühlen Platz trocknen, dafür schütteln Sie die Erde ab. Trockene Knollen wickeln Sie in Zeitungspapier zum Einlagern an einem kühlen Platz.

ELFENSPORN *DIASCIA*

In den vergangenen Jahren haben sich Elfensporne durch die Züchtung von einer südafrikanischen Rarität zur beliebten Sommerblume für jedermann gewandelt. Die zierlichen Pflanzen mit ihren eleganten Blüten in Pastelltönen eignen sich perfekt für Pflanzgefäße, um die Ränder zu bedecken.

CHARAKTER Nicht winterharte Staude, gewöhnlich als Einjährige gezogen

HÖHE 15–40 cm im Topf

BREITE 20–30 cm im Topf

TOPFGRÖSSE Drei Pflanzen pro 30-cm-Topf

JAHRESLAUF

	WINTER			FRÜHLING			SOMMER			HERBST		
BELAUBT					■	■	■	■	■	■	■	
BLÜTE						■	■	■	■	■	■	

FARBE

BLÄTTER Grün

BLÜTEN Rosa, weiß, lachsrosa, korallenrot, orange oder lila

Eine schöne Kombination aus Lilien, Elfensporn und gestreiftem Gras.

Zierliche Blüten und klare Form kennzeichnen den Tischschmuck im Topf.

AUSWAHL

Unzählige kleine Blüten bedecken die ansprechenden, eleganten Pflanzen. Jedes Jahr gibt es neue Sorten und die Gruppen unterscheiden sich je nach Wuchsform: Manche, wie die Diamond-Serie, wachsen niedrig und ausgebreitet, andere höher und eher aufrecht. Die Serien Towers of Flowers und Sundiascia haben hohe Blütenstände. Little Dancer mit hellrosa Blüten wächst kräftig. Piccadilly Denim Blue treibt lila Blüten, die beim Welken ein einmaliges Rauchblau annehmen.

GUTE PARTNER Diascien gesellen sich gut zu allen Pflanzen mit buntem Laub und zu nahezu allen Sommerblumen. **GROSS** *Phormium, Salix integra* 'Hakuro-nishiki', *Trachelospermum jasminoides* **MITTEL** *Alstroemeria, Lavandula, Penstemon* **KLEIN** *Carex oshimensis, Dianthus, Heuchera*

PFLANZEN

Im Frühjahr sind Jungpflanzen erhältlich, üblicherweise als kleine Pflanzen im Topf, die man gleich in Pflanzgefäße setzen kann. Der junge Austrieb ist fragil und nimmt leicht Schaden, seien Sie beim Umgang mit den Pflanzen daher vorsichtig.

Pflanzen Sie sie in Töpfe, Kästen oder Körbe mit Universalerde, entweder zusammen mit anderen Diascien oder gemischt mit anderen Pflanzen. Besonders junge Pflanzen reagieren empfindlich auf ein Übermaß an Wasser und werden leicht von Frost geschädigt.

KULTUR

Gießen Sie regelmäßig und düngen Sie einmal wöchentlich. Junge Pflanzen blühen willig, doch das Auszwicken der Triebspitzen fördert die Verzweigung und es entwickeln sich vollere Pflanzen. Bei Trockenheit kommt es leicht zu Blattlausbefall. Aus jedem Trieb wächst ein schlanker Stängel, an dem Dutzende Blüten erscheinen, während er sich streckt. Sobald die letzten Blüten abgefallen sind, schneiden Sie die Stängel bis zum beblätterten Teil zurück, um einen Neuaustrieb anzuregen.

PFLEGE Gegen Sommerende können die Pflanzen erschöpft wirken. Schneiden Sie sie stark zurück und entfernen sie alle abgeblühten Stängel sowie den Großteil des Blattwerks. Nach einer Düngung erscheinen neue Triebe und Blüten, bis man die Pflanzen nach dem ersten Frost verwirft. Man kann sie auch zurückschneiden und überwintern.

TAGLILIE *HEMEROCALLIS*

Die farbenprächtigen Blüten halten immer nur einen Tag, doch die Triebe bilden viele Knospen, sodass die Pflanzen wochenlang Farbe zeigen. Die schmalen, überhängenden Blätter schmücken den ganzen Sommer. Gelb ist die häufigste Blütenfarbe, doch es gibt zahllose andere Töne.

CHARAKTER Winterharte Staude
HÖHE 30 cm–1 m im Topf
BREITE 30–75 cm im Topf
TOPFGRÖSSE Eine Pflanze pro 30-cm-Topf, braucht mit dem Älterwerden einen größeren Topf

JAHRESLAUF

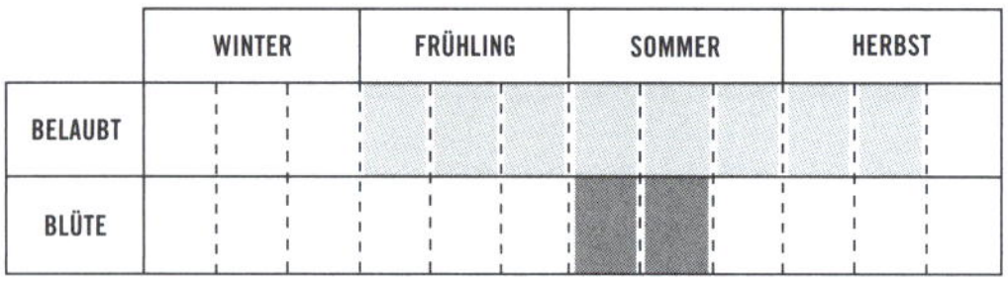

FARBE

BLÄTTER Mittelgrün
BLÜTEN Cremefarben, gelb, orange, rosa, rot, violett, viele zweifarbig

AUSWAHL

Viele der Tausenden von Taglilien-Sorten sind in Gartencentern und Gärtnereien erhältlich. Einige erfreuen sich bleibender Beliebtheit: 'Stella de Oro' zum Beispiel wächst kompakt und hat gelbe Blüten, 'Golden Chimes' hat kleine gelbe Blüten mit rotem Überzug. Die Serie EveryDaylily umfasst viele Farbsorten kompakter Pflanzen und eignet sich bestens für Pflanzgefäße. Einige Sorten duften, andere haben panaschierte Blätter, davon ist GOLDEN ZEBRA mit dottergelben Blüten die beste. Manche der neueren gefüllt blühenden Sorten brauchen Wärme, um sich ganz zu öffnen.

'Golden Chimes' bringt zuverlässig leuchtende Blüten über geneigtem Laub.

GUTE PARTNER Die robusten Pflanzen mit dem eindrucksvollen Blattwerk passen gut zu anderen Pflanzen mit großem, attraktivem Laub.
GROSS *Canna, Melianthus major, Musa basjoo* **MITTEL** *Alstroemeria, Hosta, Sarcococca* **KLEIN** *Agapanthus, Hakonechloa macra, Heuchera*

PFLANZEN

Pflanzen in blühfähiger Größe kann man die ganze Saison kaufen und pflanzen. Verwenden Sie strukturstabile Kübelpflanzenerde. Zu großen Pflanzen in großen Töpfen kann man kleine Sommenblumen setzen, Zwiebelblumen erhöhen die Attraktivität im Frühling. Kleine wurzelnackte Pflanzen, die man übers Internet erwirbt, kann man zum Einwachsen in kleine Töpfe setzen.

KULTUR

Eingewachsene Pflanzen bilden ab Frühsommer blühende Triebe, die meist keine Stütze brauchen. Gießen Sie gut. Die Blüten halten nur einen Tag und alte Blüten fallen normalerweise ab, aber manchmal muss man sie abpflücken. Wenn die letzte Knospe aufgegangen ist, schneiden Sie den Trieb ganz unten ab.

PFLEGE Nach den Herbstfrösten vergilbt das Laub und stirbt ab. Man schneidet es bis auf etwa 8 cm Höhe ab. Die Pflanzen können den Winter über draußen bleiben. Nach ein paar Jahren und wenn sich der Horst so ausgedehnt hat, dass die Triebe am Topfrand stehen, nimmt man die Pflanze heraus, teilt sie mit einem Spaten und topft neu ein.

Taglilien blühen einen Monat lang oder länger in herrlichen Farben.

WANDELRÖSCHEN

LANTANA CAMARA

Die dichten Blütenstände in Pastellfarben sind für Schmetterlinge höchst attraktiv und erscheinen monatelang. Die Pflanzen gibt es für Blumenkästen und als Hochstämmchen.

CHARAKTER Kälteempfindlicher, immergrüner Strauch, braucht Schutz unter 5 °C

HÖHE 30–60 cm im Topf, kann höher (als Hochstämmchen) erzogen werden

BREITE 30–45 cm im Topf

TOPFGRÖSSE Eine Pflanze pro 30-cm-Topf

JAHRESLAUF

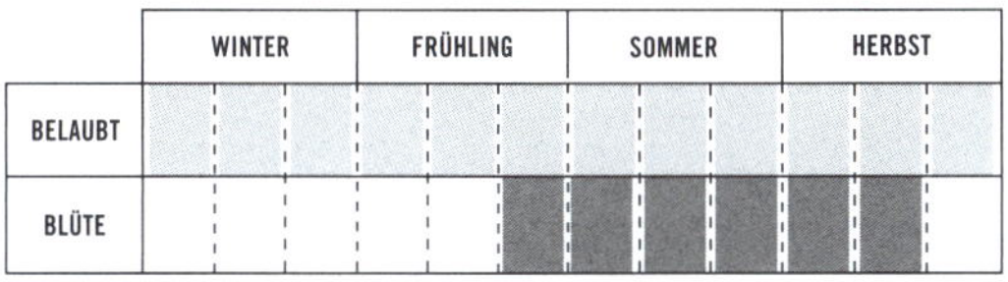

FARBE

BLÄTTER Mittelgrün

BLÜTEN Weiß, cremefarben, gelb, orange, rosa, rot oder rosalila

Leuchtende Wandelröschen bringen eine mediterrane Note an sonnige Wände.

AUSWAHL

Die Pflanzen mit ihrem leuchtenden, reichen Blütenschmuck wecken Erinnerungen an die Mittelmeerregion. Sie gedeihen an sonnigen, geschützten Plätzen und eignen sich ideal für Pflanzgefäße. Die meisten Sorten stammen von der Art *L. camara* ab, doch die Hybriden wachsen wesentlich buschiger und bieten mehr Farbe. Sowohl die Luscious- als auch die Lucky-Serie wachsen kompakt, sie schließen leuchtende Pastellfarben ein. Beliebt sind zweifarbige Blütenstände, bei denen die Blüten im Altern die Farbe wechseln.

GUTE PARTNER Die Pflanzen fügen sich in dschungelartige Kombinationen ein. Büsche können kleine Pflanzennachbarn bedrängen.

GROSS *Cordyline australis*, *Olea europaea*
MITTEL *Aeonium arboreum*, *Agapanthus*, *Melianthus major* **KLEIN** *Calibrachoa*, *Osteospermum*, *Pelargonium*

PFLANZEN

Kaufen Sie junge Pflanzen, wenn im Frühjahr die Spätfrostgefahr vorüber ist. Kleine Pflanzen vertragen Staunässe und Kälte schlecht, daher setzen Sie nur gut angewachsene Exemplare. Um die Verzweigung von unten und die Blütenbildung zu fördern, zwicken Sie Triebspitzen aus. Große Exemplare füllen oft ihren kleinen Topf dicht aus. Man muss sie gut wässern, damit sie nicht austrocknen, und man sollte ihre Triebe stützen.

KULTUR

Wandelröschen pflanzt man in tonhaltige Kübelpflanzenerde. Man muss sie regelmäßig gießen und wöchentlich mit phosphorbetontem Dünger versorgen. Welke Blütenstände schneidet man aus, um die Samenbildung zu unterbinden und damit die Pflanzen gut aussehen.

Die Farbe wechselt, wenn die Blüten altern. So wirkt das Büschel zweifarbig.

PFLEGE Die Pflanzen blühen ununterbrochen, bis das Laub vom Frost zerstört wird. Wandelröschen kann man an einem hellen, kühlen Platz frostfrei überwintern. Schneiden Sie dafür die Triebe zurück, um das Blattwerk zurückzunehmen. Die Erde darf auch im Winter nicht austrocknen. Sobald im Frühjahr der Neuaustrieb einsetzt, gießen Sie häufiger. Alle schwachen und abgestorbenen Triebe werden entfernt, bevor die Pflanze nach den letzten Frösten wieder nach draußen kann.

LILIE *LILIUM*

Diese Pflanzen bringen Glanz und Stil in den Garten. Jede Zwiebel bringt einen aufrechten Blütentrieb mit sechszähligen Blüten hervor, die sich in einer Vielzahl an Formen, Farben und Größen präsentieren. Lilien blühen zwischen Frühsommer und Frühherbst, manche duften stark.

CHARAKTER Winterharte Zwiebelblume

HÖHE 45 cm–2 m im Topf

BREITE 15–30 cm im Topf

TOPFGRÖSSE Drei bis fünf Zwiebeln pro 40-cm-Topf, hohe Sorten brauchen größere Töpfe

JAHRESLAUF

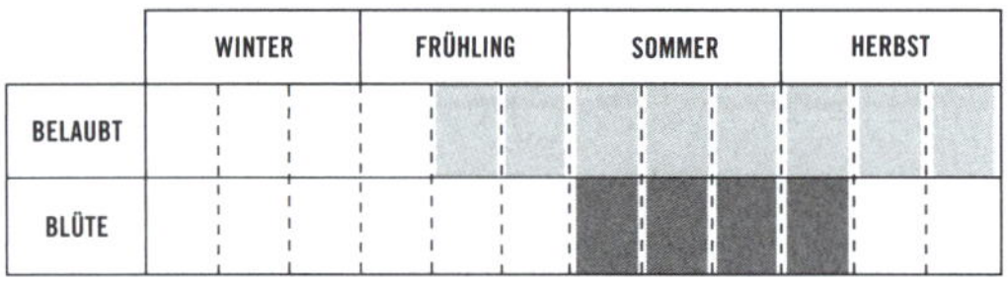

FARBE

BLÄTTER Hell- bis dunkelgrün

BLÜTEN Weiß, rosa, rot, violett, gelb oder orange

AUSWAHL

Am frühesten blühen die Asiatischen Hybriden mit duftlosen, meist aufrechten Blüten. Die zwergigen Formen sind ideal für Töpfe. Es gibt pollenfreie Sorten (Lilienpollen kann manche Katzen schädigen). Die duftenden Orient-Hybriden brauchen kalkfreies Substrat und werden oft recht hoch. O. T. Lilien (als Abkürzung für Oriental Trumpet) sind eine Hybridgruppe von Baum-Lilien. Sie wachsen hoch und brauchen große Pflanzgefäße.

Blühende Lilien im Topf bringen Farbe und Duft auf die Terrasse.

GUTE PARTNER Unter der großen Vielfalt finden sich attraktive Formen für jede Gruppe. Sie sehen auch toll neben Immergrünen aus, die im Sommer langweilig wirken. **GROSS** *Acer palmatum, Melianthus major, Pseudopanax* **MITTEL** *Astelia, Euphorbia, Rosa* **KLEIN** *Dryopteris erythrosora, Hosta, Pelargonium*

PFLANZEN

Im Frühjahr kauft man Zwiebeln oder wachsende Pflanzen. Die Zwiebeln setzt man sofort nach dem Erwerb, denn sie vertragen ein Austrocknen nicht. Es entwickeln sich Wurzeln am Austrieb unter Bodenniveau, setzen Sie die Zwiebeln daher 10–15 cm tief. Lassen Sie mindestens 10 cm Abstand zwischen den Zwiebeln. Sie können die winterharten Lilien ab März im Freien pflanzen, sie brauchen keinen besonderen Schutz.

KULTUR

Halten Sie gepflanzte Zwiebeln feucht. Sobald der Austrieb erscheint, können Sie andere Pflanzen für Farbe im unteren Bereich dazusetzen. Geben Sie wöchentlich Dünger. Mit Ausnahme der höchsten Sorten muss man Lilien selten stützen. Beim Abschneiden von Stielen für die Vase muss mindestens der halbe Stängel bleiben, um die Zwiebel zu versorgen. Nach dem Welken entfernt man die Samenbehälter und lässt das Laub im Herbst von Natur aus absterben.

PFLEGE Die Töpfe können im Winter im Freien bleiben, sofern sie vor Nässe geschützt stehen. Nach zwei Jahren muss man die Zwiebeln vielleicht teilen. Das leuchtendrote Lilienhähnchen muss bei einem Befall bekämpft werden.

Im Frühjahr gepflanzte Zwiebeln blühen innerhalb weniger Monate.

NARZISSE *NARCISSUS*

Die hoch geschätzten und verbreiteten Narzissen sind leicht in der Kultur, sie beleben den Garten nach dem kalten Winter. Unter der großen Vielfalt findet sich etwas für jeden Geschmack: von zierlichen Juwelen bis hin zu höheren Schnittblumen, jeweils in vielen Farben und Schattierungen.

CHARAKTER Winterharte im Frühjahr blühende Zwiebelblume

HÖHE 15–60 cm im Topf

BREITE 5–10 cm im Topf

TOPFGRÖSSE Sechs bis zehn Zwiebeln pro 30-cm-Topf

☼ ◑

JAHRESLAUF

	WINTER			FRÜHLING			SOMMER			HERBST		
BELAUBT				■	■	■	■	■				
BLÜTE				■	■	■						

FARBE

BLÄTTER Blaugrün oder grün

BLÜTEN Weiß, cremefarben, gelb, orange, rosa (lachsrosa), oft zweifarbig

Die Zwerg-Narzisse 'Elka' blüht früh und kann jahrelang im Topf bleiben.

AUSWAHL

Als bester Allrounder erweist sich die zuverlässige, früh blühende Zwergsorte 'Tête-à-tête'. Ihr Gegenstück ist die gefüllte 'Tête Bouclé'. Weitere empfehlenswerte niedrige Sorten sind die gelbe 'February Gold', die gelbe und orangefarbene 'Jetfire', die cremeweiße 'Elka' und die hellgelbe 'Hawera'. Die weiße und cremefarbene 'Ice Follies' ist wüchsiger und wird höher.

GUTE PARTNER Narzissen eignen sich als Dauerbepflanzung in Töpfen zusammen mit Sträuchern und in Kombination mit Frühlingsblumen. Sie können Fensterkästen und Pflanzgefäße füllen. **GROSS** *Acer palmatum, Hedera, Laurus nobilis* **MITTEL** *Buxus sempervirens, Carex, Erysimum* **KLEIN** *Helleborus, Heuchera, Hosta*

PFLANZEN

Gepflanzt wird Ende September oder im Oktober. Man setzt die Zwiebeln zweieinhalb Mal so tief ein, wie sie hoch sind. Eine 5 cm hohe Zwiebel kommt demnach mit der Spitze 12 cm unter die Erdoberfläche. Wichtig ist dies nur, wenn die Zwiebeln mehrere Jahre im Topf bleiben, damit man ohne Schaden etwas darüber pflanzen kann. Eine starke Wirkung erzielen eng gesetzte Zwiebeln, doch bei längerer Kultur brauchen sie 8 cm Abstand.

Zwerg-Narzissen pflanzt man im zeitigen Herbst für eine Blüte im Frühjahr.

KULTUR

Nach dem Einpflanzen muss die Erde feucht bleiben. Das ist besonders wichtig für gefüllte Sorten, die taube Knospen bilden, wenn sie austrocknen. Im Frühjahr düngt man Narzissen und andere frühe Blüher im Topf flüssig. Welke Blüten und Ansätze von Samenbehältern werden entfernt, das Laub soll von selber absterben.

PFLEGE Falls Sie das Pflanzgefäß im Sommer umgestalten wollen, sollte das Laub eingezogen haben (vergilbt sein), bevor man die Zwiebeln ausgräbt. Man lässt sie trocknen und kann sie im Herbst wieder pflanzen. Es ist auch möglich, sie im gleichen Topf zu belassen, damit sie darin im folgenden Jahr erneut blühen.

NEMESIE *NEMESIA*

Die buschigen, kompakten Pflanzen blühen den ganzen Sommer in herrlichen Farben. Die zierlichen Blüten duften süßlich und erscheinen in solcher Fülle, dass sie die Pflanzen ganz bedecken. Sie kommen schnell zur Blüte und gehören zu den robustesten Sommerblumen.

CHARAKTER Nicht winterharte Staude, als Einjährige gezogen

HÖHE Bis zu 20 cm im Topf

BREITE Bis zu 20 cm im Topf

TOPFGRÖSSE Drei Pflanzen pro 30-cm-Topf

JAHRESLAUF

	WINTER			FRÜHLING			SOMMER			HERBST		
BELAUBT					■	■	■	■	■	■	■	■
BLÜTE							■	■	■	■	■	

FARBE

BLÄTTER Grün

BLÜTEN Lila, violett, weiß, weinrot, gelb oder blau, viele zweifarbig

Die buschigen Nemesien blühen so stark, dass das Laub überdeckt wird.

AUSWAHL

Jedes Jahr tauchen neue Sorten und Farben im Sortiment auf, oft haben sie zweifarbige Blüten. Dennoch erfreut sich die althergebrachte 'Wisley Vanilla' wegen ihrer cremeweißen stark duftenden Blüten weiterhin großer Beliebtheit. Eine gute Wahl bedeuten ebenfalls die Sundae-Serie mit zweifarbigen Blüten, die Aroma-Serie mit leuchtenden Farben in Kombination mit Gelb wie Aroma Rhubarb and Custard sowie Aroma Plums and Custard. Die lila 'Mirabelle' und die dunkelblaue Myrtille bringen unzählige kleinere Blüten.

GUTE PARTNER Die kompakten kleinen Pflanzen passen gut zu fließenden Wuchsformen und als Unterpflanzung. **GROSS** *Clematis, Miscanthus sinensis, Salix integra* 'Hakuro-nishiki' **MITTEL** *Begonia, Fuchsia, Hakonechloa macra, Lantana* **KLEIN** *Festuca glauca, Verbena*

PFLANZEN

Im Angebot befinden sich meistens junge Pflanzen im 8-cm-Topf, die man im Spätfrühling auspflanzt. Jungpflanzen in Anzuchtsystemen muss man zunächst in kleine Töpfe setzen und weiterkultivieren, bevor man sie nach draußen setzt. Junge, zarte Pflanzen erleiden leicht Frostschäden, sie brauchen Schutz. Gepflanzt wird in Universalerde.

Jungpflanzen in Anzuchtsystemen müssen noch weiter vorkultiviert werden.

KULTUR

Gießen Sie regelmäßig und düngen Sie einmal wöchentlich. Gut verzweigte Pflanzen bilden Dutzende von Stängeln mit Blütenständen, sie werden viele Wochen lang blühen. Wenn die letzten Blüten am Stängel abfallen, schneiden Sie auf ein paar gesunde Blätter zurück. Das regt den Neuaustrieb an und neue Blüten erscheinen nach zwei oder drei Wochen. Gut ernährte Pflanzen blühen mit jedem Wachstumsschub reicher.

PFLEGE Meist verwirft man die Pflanzen gegen Herbstende, aber ältere Pflanzen halten leichten Frost aus und könnten bis zum nächsten Jahr überleben. Zum Überwintern kann man die Pflanzen auch ins Haus holen. Im Frühjahr schneidet man die Pflanzen kräftig zurück, um alle beschädigten Stängel zu beseitigen und um einen neuen Austrieb anzuregen.

KAPMARGERITE *OSTEOSPERMUM*

Üblicherweise kannte man diesen Korbblütler in Weiß oder Violett, inzwischen gibt es eine ganze Reihe von Farben, einschließlich Pastelltönen, die zu wagemutigen Kombinationen verleiten. Die Blumen öffnen sich zuverlässig an einem sonnigen Platz, die Pflanzen halten etwas Trockenheit aus.

CHARAKTER Nicht winterharte Staude, braucht Schutz unter 5 °C

HÖHE 20–40 cm im Topf, je nach Sorte

BREITE 30–40 cm im Topf

TOPFGRÖSSE Eine Pflanze pro 30-cm-Topf

☼

JAHRESLAUF

	WINTER			FRÜHLING			SOMMER			HERBST		
BELAUBT	■	■	■	■	■	■	■	■	■	■	■	■
BLÜTE					■	■	■	■	■	■	■	

FARBE

BLÄTTER Sattgrün

BLÜTEN Weiß, rosa, violett, gelb, pfirsichfarben oder orange

Zur Pflanzzeit blühen Kapmargeriten schon und setzen dies fort bis Sommerende.

AUSWAHL

Das Sortiment an Kapmargeriten wechselt jedes Jahr, doch bewährte Sorten wie 'Pink Whirls' bleiben beliebt. Neue gefüllte Sorten wie die 3D-Serie bleiben auch bei bedecktem Himmel geöffnet, während sich ältere Sorten nur in voller Sonne öffneten. Die Serenity-Serie umfasst grelle und gedeckte Blütentöne, die kompakten Pflanzen blühen reich bis in den Herbst.

Korbblumen in vielen Pastelltönen erscheinen den ganzen Sommer über.

GUTE PARTNER Kapmargeriten sehen für sich allein gut aus, doch man kann sie in denselben Topf wie andere Sonne liebende Pflanzen setzen.

GROSS *Laurus nobilis*, *Salix integra* 'Hakuro-nishiki', *Trachelospermum jasminoides* **MITTEL** *Euphorbia*, *Phormium* **KLEIN** *Heliotropium arborescens*, *Pelargonium*, *Verbena*

PFLANZEN

Im Frühling gekaufte Pflanzen setzt man gleich in Töpfe. Reifere Pflanzen halten leichten Frost aus, doch junge Pflanzen sind frostempfindlich. Solange sie klein sind, vertragen sie auch nasse Erde schlecht. Gießen Sie daher sparsam, besonders bei kühlem, feuchtem Wetter. Als günstig erweisen sich Kombinationen mit kurzlebigen Pflanzen wie Lobelien, weil sie weiterhin wachsen und blühen und dadurch entstehende Lücken gegen Sommerende verdecken.

KULTUR

Die Erde muss feucht bleiben, düngen Sie einmal wöchentlich, um das Wachstum anzuregen. Welke Blumen schneidet man am Stielansatz aus. Blattläuse können auftreten, kontrollieren Sie daher regelmäßig und wischen Sie die Schädlinge ab. Moderne Sorten muss man nicht pinzieren, weil sie von Haus aus buschig wachsen. Für ein kompaktes Wachstum und reiche Blüte müssen die Pflanzen aber an einem vollsonnigen Platz stehen.

PFLEGE Wenn sie zu groß werden, schneidet man Kapmargeriten im Spätsommer zurück, damit sie erneut blühen. Man kann im Spätsommer Stecklinge schneiden, die man frostfrei überwintert. Ältere Pflanzen können an sehr milden Standorten im Freien überwintern.

BARTFADEN *PENSTEMON*

CHARAKTER Winterharte Staude, braucht in exponierten Gärten Schutz unter 0 °C
HÖHE 40–75 cm im Topf
BREITE 30–45 cm im Topf
TOPFGRÖSSE Eine bis drei Pflanzen pro 30-cm-Topf

Diese ordentlich wirkenden hohen Pflanzen in vielen verschiedenen Farben bringen den ganzen Sommer über unzählige Röhrenblüten hervor. Anzucht und Pflege sind einfach. Am besten kommen die Pflanzen im Spätsommer zur Geltung und sie blühen in den Pflanzgefäßen bis in den Herbst.

JAHRESLAUF

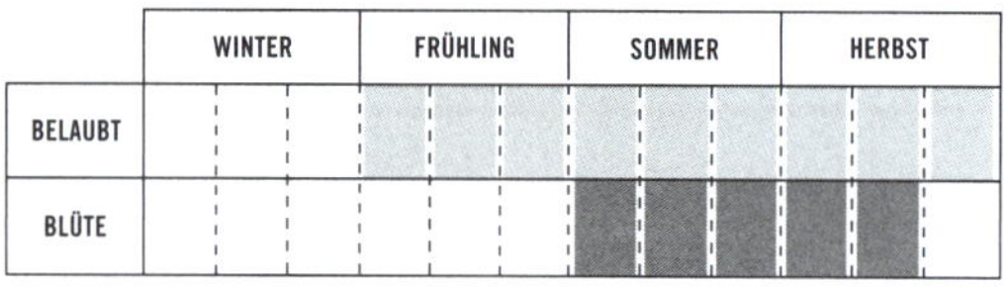

FARBE

BLÄTTER Grün

BLÜTEN Weiß, rosa, rot, violett, rosalila oder lila, viel zweifarbig mit Weiß

AUSWAHL

Meist kauft man Bartfaden als Pflanzen, doch man kann sie auch aus Samen heranziehen. Zu den bekannten Sorten zählen die weiße 'White Bedder', die roten Sorten 'Andenken an Friedrich Hahn' und 'Schönholzeri', die rosarote 'Hidcote Pink' und die violette 'Raven'.

Lebhaft wirkt die wunderbare Pensham-Serie, deren Sorten viele Farben mit weißem Schlund liefern, wie etwa die rosa 'Pensham Laura', die violette 'Pensham Czar' und die kirschrote 'Pensham Amelia Jane'.

'Andenken an Friedrich Hahn' mit kleineren Blüten erweist sich als robust.

GUTE PARTNER Durch die große Bandbreite an tollen Farben bieten sich aufstrebende Bartfäden für gemischte Pflanzungen in großen Pflanzgefäßen an, wo sie für Kontrast zu buschigen und hängenden Sommerblumen sorgen. **GROSS** *Clematis, Olea europaea, Rosa* **MITTEL** *Euphorbia, Fuchsia, Melianthus major* **KLEIN** *Heliotropium arborescens, Nemesia, Petunia*

PFLANZEN

Üblicherweise kauft man kleine Pflanzen im Frühling oder ältere blühende Pflanzen im Sommer. Kleine Pflanzen brauchen im Frühjahr Schutz vor Frost. Erst nach ein paar Jahren muss man die Pflanzen umsetzen, am besten in tonhaltige, strukturstabile Kübelpflanzenerde. Zwicken Sie bei jungen Pflanzen die Triebspitzen aus, damit sie sich verzweigen, bevor sie beginnen, Blüten zu bilden.

KULTUR

Bartfäden wachsen schnell und brauchen daher reichlich Wasser und Nährstoffe. Wenn sie sich gut entwickeln, bilden sich am Ende der aufrechten Stängel über viele Wochen hinweg die Blüten. Wenn alle verwelkt sind, schneiden Sie den Stängel auf ein Blattpaar zurück, sodass neue Triebe kommen. Gegen Herbst werden einige untere Blätter verbräunen und man muss sie entfernen.

PFLEGE Extreme Kälte kann die an sich winterharten Pflanzen abtöten. In exponierten Gärten muss man die Pflanzen zur kältesten Zeit mit Vlies abdecken. Im Spätsommer können Sie von nicht blühenden Trieben Stecklinge schneiden, die leicht bewurzeln.

Über Stecklinge lassen sich Bartfäden im Spätsommer leicht vermehren.

STUDENTENBLUME

TAGETES PATULA

Die zuverlässige Gewöhnliche Studentenblume ist einfach in der Kultur und treibt leuchtende Blumen. Wenn Sie selbst aussäen, können Sie Sorten bekommen, die man in keinem Gartencenter sieht. Über den Geruch ihrer Blätter lässt sich streiten, aber die Pflanzen beleben jeden Garten.

CHARAKTER Nicht winterharte Einjährige, braucht Schutz unter 5 °C

HÖHE 15–20 cm, manche Sorten höher

BREITE 15–20 cm, manche Sorten breiter

TOPFGRÖSSE Sechs Pflanzen pro 30-cm-Topf

JAHRESLAUF

	WINTER			FRÜHLING			SOMMER			HERBST		
BELAUBT					■	■	■	■	■	■	■	
BLÜTE						■	■	■	■	■	■	

FARBE

BLÄTTER Dunkelgrün mit roten Stielen

BLÜTEN Cremefarben, braunrot, orange und gelbe Töne

In der Sonne gedeihen sie am besten, doch sie blühen auch in nassen Sommern.

AUSWAHL

Im Gartencenter gekaufte Gewöhnliche Studentenblumen haben vermutlich keine Sortenbezeichnung und blühen in den traditionellen Orangetönen. Weil man sie so leicht aus Samen heranziehen kann, lohnt sich ein Versuch sogar auf der Fensterbank im Haus. Durch die Anzucht aus Samen eröffnet sich eine größere Farbpalette: Die altbewährte Sorte 'Naughty Marietta' hat einfache gelbe Blumen mit rotbrauner Zeichnung, 'Striped Marvel' hat gestreifte Blütenblätter – sie wächst hoch und buschig, 'Strawberry Blonde' hat rote, gelbe und rötlich überhauchte Blumen.

Einfach blühende Sorten wie 'Naughty Marietta' sind einfach zu ziehen.

GUTE PARTNER Die fröhlichen und unaufdringlichen Blumen sind ideal für Kinder, Landhausgärten und feurige Farbkombinationen. **GROSS** *Canna, Cordyline australis, Ipomoea tricolor* **MITTEL** *Erysimum, Lilium, Penstemon* **KLEIN** *Bidens, Lobelia erinus, Lysimachia nummularia*

PFLANZEN

Im Frühling ist Schutz vor Frost nötig. Man kann Pflanzen im Set kaufen und dann in Töpfe mit Universalerde mit etwa 10–15 cm Abstand setzen. Gießen Sie vor und nach dem Pflanzen gut. Wird die erste Blüte ausgezwickt, die oft schon beim Kauf zu sehen ist, dann erleichtert dies den Pflanzen das Einwurzeln.

KULTUR

Studentenblumen brauchen Schutz vor Schnecken, die über Nacht ganze Pflanzen vertilgen. Gießen Sie die Gewächse gut und düngen Sie einmal wöchentlich für Wachstum und Blütenbildung. Studentenblumen wachsen auch im Halbschatten, doch sie blühen dort weniger reich. Die aromatischen Einzelblüten kann man essen.

PFLEGE Welke Blüten zwicken Sie ab, um die Samenbildung zu unterbinden und die Form zu wahren. Bei extrem feuchter Witterung können Blüten schimmeln, diese muss man entfernen. Die einjährigen Pflanzen nimmt man im Herbst heraus und kompostiert sie.

Eine Pflanzengruppe im Schatten verlangt wohlüberlegte Auswahl, doch es stehen Schattengewächse mit tollen Blättern und Blüten zur Verfügung, so wie diese Lenzrose, die im Frühling blüht.

FÜR DEN SCHATTEN

Im schattigen Innenhof ist die Auswahl an Pflanzen etwas eingeschränkt, doch sollte Sie dies nicht von der Gestaltung attraktiver Arrangements abhalten. Viele schöne Schattengewächse erhellen selbst die düstersten Ecken.

ANGEPASST AN DEN SCHATTEN

Die meisten Schattenpflanzen haben dunkelgrüne Blätter, viele sind immergrün. Sie sind ans Überleben in lichtarmen Wäldern angepasst und behalten ihr Laub im Winter, damit sie das Licht nutzen können, wenn die Bäume über ihnen ihre Blätter verlieren. Im Gartenbeet stellt Schatten unter Bäumen ein Problem dar, denn der Boden ist stark durchwurzelt, ausgelaugt und trocken. Wenn aber Schattengewächse im Topf stehen, bekommen sie genug Wasser und Nährstoffe, damit sie sich in voller Schönheit entwickeln können.

WINTERLICHER SCHMUCK

Viele Schatten liebende Pflanzen tragen im Winter nicht nur Blätter, sondern auch Blüten. Den Flor in den Töpfen können sie bei kaltem Wetter vom Haus aus genießen. Lenzrosen bieten als Hauptdarsteller in winterlichen Gruppen eine unglaubliche Vielfalt an Blütenfarben. Zur Blütezeit im Winter stellt man sie in den Vordergrund und im Sommer verbirgt man sie zwischen anderen schattenverträglichen Pflanzen. Kamelien mit ihren glänzenden Blättern und fülligen Blüten im Spätwinter gehören zu den beliebtesten Pflanzen für Innenhöfe. Im schattigen Innenhof sind die empfindlichen Blüten vor Frost geschützt.

LANGSAM WACHSEND UND LANGLEBIG

Schattengewächse wachsen oft langsam, was für einen Innenhof einen entscheidenden Vorteil bedeutet, denn man muss nicht so oft umtopfen und schneiden (gießen und düngen muss man natürlich dennoch). Japanische Fächer-Ahorne können Jahrzehnte alt werden und werden von Jahr zu Jahr schöner. Buchs, egal ob zu Kegeln oder Kugeln geschnittenen, kann im Topf über viele Jahre gesund bleiben und sorgt für die nötige Struktur der Bepflanzung. Lilientraube passt gut als Ergänzung oder als Bodendecker unter laubabwerfende Bäume. Ihre Größe nimmt jedes Jahr ein wenig zu und im Herbst erscheinen bunte Blüten. Das panaschierte Große Immergrün ist eine Pflanze, die selbst die trübsten Winkel erhellt.

FÄCHER-AHORN *ACER PALMATUM*

Die eleganten, kleinen Bäume eignen sich bestens für halbschattige Innenhöfe. Sie zeichnen sich durch Langlebigkeit, Frosthärte und langsames Wachstum aus und bieten eine Palette aufregender Blattfarben. Japanische Fächer-Ahorne werden mit dem Alter immer schöner.

CHARAKTER Winterharter, laubabwerfender Baum
HÖHE Bis zu 2 m im Topf
BREITE Bis zu 1,5 m im Topf
TOPFGRÖSSE Eine Pflanze pro 30-cm-Topf

JAHRESLAUF

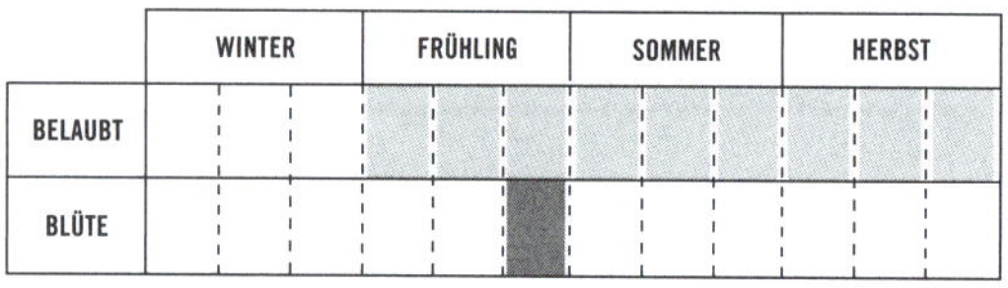

FARBE

BLÄTTER Lindgrün, grün, weinrot, panaschiert oder orangefarben überhaucht
BLÜTEN Winzig, rötlich-grün

AUSWAHL

Schon seit Jahrhunderten werden Japanische Fächer-Ahorne geschätzt, deshalb stehen unzählige Sorten zur Auswahl. Die wichtigsten haben gelappte Blätter mit fünf oder sieben schmalen Lappen. Es gibt sie in vielen verschiedenen Farben. Diese Sorten sind einfach in der Kultur und kommen mit den meisten Bedingungen zurecht, sei es stärkeres Sonnenlicht oder Wind. Zu dieser Gruppe gehören die rotlaubigen Sorten 'Trompenburg' und 'Garnet', ebenso die apricotfarbene 'Orange Dream'. 'Sango-kaku' trägt ein leuchtendes Frühlingslaub und eine gelbe Herbstfärbung, nach dem Blattfall und den ganzen Winter über sind korallenrote Zweige sichtbar.

Andere Ahorne vom Typ *Dissectum* haben grüne oder rote fiederschnittige Blätter. Diese Typen wachsen langsamer und haben eine niedrigere, breitkronige Wuchsform. Sie reagieren empfindlicher auf schlechte Wachstumsbedingungen und die Blätter vertrocknen leicht. Man kennt noch einige andere Formen, etliche haben panaschiertes Laub, das rosa oder weiß gemustert ist. Alle zeigen eine wunderbare Herbstfärbung.

GUTE PARTNER Der elegante Wuchs macht den wesentlichen Charakter aus, man unterstreicht ihn mit zarten Blütenpflanzen und schönen Blattpflanzen. An den halbschattigen Standorten wachsen schattenliebende Pflanzen gut.
GROSS *Camellia*, *Phyllostachys nigra*
MITTEL *Dryopteris erythrosora*, *Hosta*, *Pseudopanax lessonii* **KLEIN** *Carex*, *Hakonechloa macra*, *Liriope spicata*

'Orange Dream' trägt im Sommer dichtes goldgelbes rotgerändertes Laub und hat eine auffällige Herbstfärbung.

Das leuchtend rote Frühlingslaub von **'Trompenburg'** vergrünt im Sommer und verfärbt sich im Herbst flammend orange.

PFLANZEN

Bäume in Containern kann man das ganze Jahr über pflanzen. Beim Einsetzen voll belaubter Pflanzen wässern Sie nur den Wurzelballen, damit die Blätter nicht verbrennen.

Im Angebot finden sich Pflanzen in unterschiedlichen Größen. Kleine, kostengünstige Pflanzen im 9-cm-Topf setzt man zuerst in einen 20-cm-Topf, bevor man sie in einen schmucken Endtopf transferiert. Das schützt den Wurzelballen vor zu viel nasser Erde, was zu Wurzelschäden führen könnte. Fächer-Ahorne brauchen saure Erde, aber sie zeigen sich nicht so kalkempfindlich wie Kamelien (S. 109). Man verwendet Zitruspflanzenerde oder eine Mischung aus gleichen Teilen Universalerde und Rhododendronerde. Der verwendete Topf sollte glatte Wände und eine weite Öffnung haben, um das Umtopfen zu erleichtern. Zwiebelblumen bringen im Frühjahr zusätzliche Farbe und sorgen für mehr Aufsehen.

Ein älterer Fächer-Ahorn wird zum Blickfang eines schattigen Innenhofes.

KULTUR

Die Erde der Japanischen Fächer-Ahorne muss immer feucht bleiben. Der Standort sollte vor starker Sonneneinstrahlung sowie vor Winden geschützt sein, ansonsten kommt es zu trockenen Blattspitzen. Junger Wuchs erleidet im Frühling leicht Schäden durch Spätfröste. Dies ist in geschützten Innenhöfen besonders gefährlich, weil dort der Austrieb sehr zeitig einsetzt. Vom Frost geschädigte junge Triebe schneiden Sie ab, die Pflanzen treiben bald danach neu aus. Im Frühjahr geben Sie Depotdünger rund um die Pflanzen oder Sie düngen wöchentlich mit einem üblichen flüssigen Mehrnährstoffdünger. Schädlinge treten selten auf, doch Blattläuse können an jungen Trieben saugen (S. 36).

Der elegante Wuchs fügt sich in nüchterne Gestaltungen ein.

PFLEGE Ein Schnitt der kompletten Pflanze ist selten nötig, doch manchmal sollte man Äste einkürzen oder entfernen, um die Form zu bewahren. Dies geschieht am besten im Sommer, wenn man an den voll belaubten Pflanzen gleich das Ergebnis sieht. Sie können auch im Winter schneiden, nur im Frühjahr nicht, da bluten die Wunden sehr.

Umtopfen sollte man nach zwei Standjahren im gleichen Gefäß. Wenn sich dies schlecht bewerkstelligen lässt, wechseln Sie von oben einen Teil der Erde aus (S. 31) oder Sie holen den Ballen aus dem Topf und schneiden das untere Stück weg, um stattdessen frische Erde einzufüllen.

Das Falllaub im Herbst fegen Sie weg. Die Pflanzen brauchen im Winter keinen Schutz, aber einen feuchten Wurzelballen.

BUCHS *BUXUS SEMPERVIRENS*

Der robuste Buchs wächst im Schatten wie in der Sonne. Er ist beliebt als Formschnittgehölz und eignet sich gut für die Kultur im Topf. Durch seine kleinen Blätter lässt er sich in fast jede Form schneiden, doch meist wird er zu Kegeln oder Kugeln erzogen. Er wirkt gut neben üppigem Laub.

CHARAKTER Winterharter, immergrüner Strauch

HÖHE Bis zu 1 m im Topf

BREITE Bis zu 60 cm im Topf

TOPFGRÖSSE Eine Pflanze pro 30-cm-Topf

JAHRESLAUF

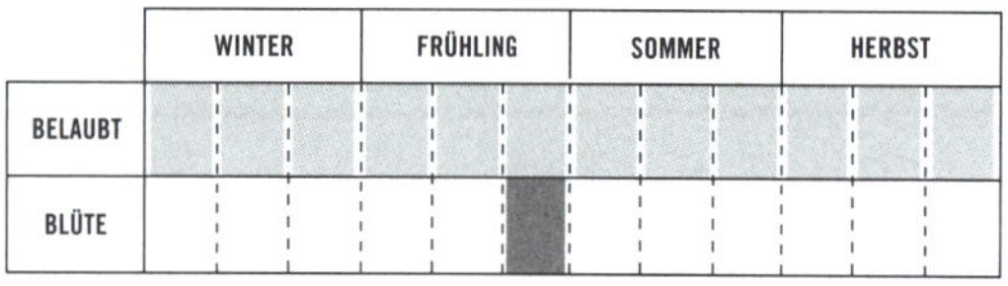

FARBE

BLÄTTER Grün

BLÜTEN Winzig, gelb, unscheinbar

AUSWAHL

Der Gewöhnliche Buchs (*Buxus sempervirens*) wächst als großer Strauch, der ein formales Element einbringt. Mit der Zeit entwickelt er sich zu einem kleinen Bäumchen. Gewöhnlich kommt die Sorte 'Suffruticosa' zum Einsatz. Sie wird oft als niedrige Hecke gepflanzt oder zu kleinen Formschnittgehölzen erzogen. Beide Erziehungsformen benötigen die gleichen Kulturbedingungen. Panaschierte Sorten erfreuen sich großer Beliebtheit, etwa die weiß gerandete 'Elegantissima' und die auffällige 'Gold Tip' mit gelbem Rand.

Ein geschnittenes Hochstämmchen sieht das ganze Jahr über gut aus.

GUTE PARTNER Dieser Strauch begleitet am besten andere Pflanzen und Blumen. **GROSS** *Cordyline australis, Laurus nobilis, Olea europaea* **MITTEL** *Hemerocallis, Melianthus major, Pelargonium* **KLEIN** *Dryopteris erythrosora, Festuca glauca, Hakonechloa macra*

PFLANZEN

Buchs wird als vorgeschnittene Einzelpflanze oder im Paket von mehreren kleinen Pflanzen für niedrige Hecken angeboten. Kleine Pflanzen lassen sich erziehen, doch man erspart sich mehrere Jahre Anzucht, wenn man bereits in Form geschnittene Exemplare kauft. Gepflanzt wird in Kübelpflanzenerde. Nachbarpflanzen dürfen die Blätter an der Basis nicht beschatten.

KULTUR

Halten Sie die Erde immer feucht und düngen Sie im Frühling und Sommer regelmäßig. Ein Platz im Halbschatten ohne pralle Sonne ist am besten. Unter extremen Bedingungen und bei Nährstoffmangel verbräunt das Laub, doch gedüngte Pflanzen erholen sich im Schatten wieder. Trockenheit führt zu vergilbten Blättern, die abfallen.

PFLEGE Aus der Form geratene Pflanzen treiben nach einem starken Schnitt an der Basis wieder aus. Pilzkrankheiten können bei engem Stand zum Buchsbaumsterben führen. Die Raupen des Buchsbaumzünslers fressen das Laub und können zum Problem werden. Man muss sie zügig bekämpfen.

Schneiden Sie die Pflanzen im Spätfrühling und erneut im Sommer.

KAMELIE *CAMELLIA × WILLIAMSII*

Kamelien öffnen ihre auffälligen Blüten im Spätwinter. Das glänzende Laub sieht das ganze Jahr über schön aus und ein Formschnitt ist immer möglich. Wachsen die Pflanzen im Topf, kann man sie bei Bedarf an einen geschützten Platz rücken, um die Blüten vor Frostschäden zu schützen.

CHARAKTER Bedingt winterharter, immergrüner Strauch, braucht Schutz bei anhaltendem Frost

HÖHE Bis zu 2 m im Topf, je nach Sorte

BREITE Bis zu 1 m im Topf, je nach Sorte

TOPFGRÖSSE Eine Pflanze pro 30-cm-Topf

JAHRESLAUF

	WINTER	FRÜHLING	SOMMER	HERBST
BELAUBT	■ ■ ■	■ ■ ■	■ ■ ■	■ ■ ■
BLÜTE		■ ■ ■		

FARBE

BLÄTTER Dunkelgrün

BLÜTEN Weiß, cremefarben, rosa, rot oder dunkelrot

KULTUR

Halten Sie die Erde immer feucht, die ledrigen Blätter welken nicht, wenn das Substrat austrocknet. Düngen Sie im Frühling und Sommer. Blütenknospen erscheinen im Spätsommer, doch sie entwickeln sich nicht weiter, wenn die Pflanzen austrocknen.

Die beliebte 'Donation' muss man pinzieren, damit sie kompakt bleibt.

AUSWAHL

Im Angebot finden sich Hunderte von Sorten, die meisten sind Abkömmlinge von *Camellia japonica* und der Hybride *C. × williamsii*. Die Sorten von *C. × williamsii* werfen alte Blüten ab, sie putzen sich somit selbst. Diese blühenden Kamelien stechen so gut wie jede andere Pflanze auf der Terrasse aus. Besonders begehrt sind die silbrig rosa 'Donation' und die pinkfarbene 'Debbie'. Unter den Sorten von *C. japonica* sticht 'Jury's Yellow' mit gelben Blüten hervor.

GUTE PARTNER Den Sommer über stellt das glänzende Laub einen herrlichen Hintergrund für leuchtende Blüten dar. **GROSS** *Acer palmatum, Hedera colchica, Skimmia japonica* **MITTEL** *Buxus sempervirens, Hemerocallis, Pseudopanax* **KLEIN** *Begonia, Dryopteris erythrosora, Hakonechloa macra*

PFLANZEN

Kamelien brauchen eine kalkfreie Erde, man setzt sie in Rhododendronerde. Man kann sie zu jeder Zeit im Jahr pflanzen, doch meist werden die Gewächse im Spätwinter im knospigen Zustand angeboten. Kaufen Sie nur Pflanzen mit Sortenauszeichnung, denn unbenannte können von minderer Qualität sein und womöglich schlecht blühen.

Diese Pflanzen reagieren äußerst empfindlich auf Trockenheit, gießen Sie daher eine gekaufte Pflanze vor dem Entnehmen aus dem Verkaufstopf und nach den Einpflanzen gut.

Honigtau ist ein sicheres Anzeichen für einen Befall mit Schildläusen.

PFLEGE Kamelien brauchen keinen Schnitt, doch Sie können den obersten Trieb beim Austrieb im Frühling auszwicken (Pinzieren), um buschigen Wuchs zu fördern. Häufig tritt an gestressten Pflanzen ein Befall durch Schildläuse auf. Die Insekten scheiden klebrigen Honigtau auf den Blättern aus, auf dem sich Schwärzepilze ansiedeln (S. 37). Erwachsene Dickmaulrüssler können am Laub fressen, die Larven schädigen die Wurzeln (S. 36).

SEGGE *CAREX*

Seggen sind Sauergräser mit attraktivem Blattwerk, die oft mit schmückenden Süßgräsern kombiniert werden. Sorten mit zweifarbigen, immergrünen Blättern sind am weitesten verbreitet und werden besonders geschätzt, weil sie im Herbst und Winter Farbe bringen.

CHARAKTER Winterhartes, immergrünes Gras

HÖHE Bis zu 20–40 cm im Topf, je nach Sorte

BREITE Bis zu 20–40 cm im Topf, je nach Sorte

TOPFGRÖSSE Eine Pflanze pro 20-cm-Topf, drei bis fünf Pflanzen pro 40-cm-Topf

JAHRESLAUF

	WINTER			FRÜHLING			SOMMER			HERBST		
BELAUBT	■	■	■	■	■	■	■	■	■	■	■	■
BLÜTE				■	■							

FARBE

BLÄTTER Gelb, grün oder braun

BLÜTEN Klein, braun, unscheinbar

'Evergold' hat elegante überhängende goldgelbe Blätter mit grünen Rändern.

AUSWAHL

Die bekannteste Form hat goldgelb gestreifte Blätter, die eine herrliche Kuppel aus überhängenden, schmalen Blättern bilden: *Carex* 'Evergold' gedeiht gut im Schatten. Bronzefarbene Blätter besitzen die eher aufrecht wachsende *C. comans* sowie die Art *C. buchananii*. Sie ergeben wertvolle Kontraste zu anderen Pflanzen und Blüten, doch sie brauchen volle Sonne zum Gedeihen. *C. eleata* 'Aurea' hat leuchtend gelbe Blätter, sie braucht Schatten und Feuchtigkeit.

GUTE PARTNER Das Blattwerk bildet schöne Kontraste zu fülligem Laub und weil sie Schatten vertragen, kann man Seggen unter Gehölze in Töpfen setzen. **GROSS** *Acer palmatum, Hedera colchica, Laurus nobilis* **MITTEL** *Buxus sempervirens, Phormium, Sarcococca* **KLEIN** *Calluna vulgaris, Hosta, Narcissus*

PFLANZEN

Gepflanzt wird im Frühling oder Herbst. Wertvoll sind Seggen besonders für Pflanzgefäße im Frühjahr und Winter. Sie sollten Platz genug zum Überhängen haben. *C. oshimensis* bedeckt Topfränder recht schön.

KULTUR

Alle Seggen wachsen besser in feuchter Erde und vertragen Trockenheit nicht gut. Düngen Sie im Frühling und Sommer einmal wöchentlich. Die Stände aus kleinen, oft braunen Blüten stehen am Ende von Halmen über dem Laub. Sie haben keinen besonderen Schmuckwert und man schneidet sie ab.

PFLEGE Bei struppig aussehenden Pflanzen schneidet man die alten Blätter vor dem Neuaustrieb im Frühjahr bis 5 cm über der Erde zurück. Nach einigen Jahren können die Horste von innen verkahlen. Dann nimmt man die Pflanze auf und teilt sie in mehrere Teile, die man sofort wieder eintopft.

Seggenhorste teilt man im Frühling und pflanzt die Teile sofort wieder ein.

KLETTERNDER
SPINDELSTRAUCH

EUONYMUS FORTUNEI

Der immergrüne Kletternde Spindelstrauch verträgt sowohl Schatten als auch starken Schnitt. Zweifarbige Sorten bereichern mit ihren leuchtenden Farben.

CHARAKTER Winterharter, immergrüner Strauch
HÖHE Bis zu 60 cm im Topf
BREITE Bis zu 60 cm im Topf
TOPFGRÖSSE Eine Pflanze pro 30-cm-Topf

JAHRESLAUF

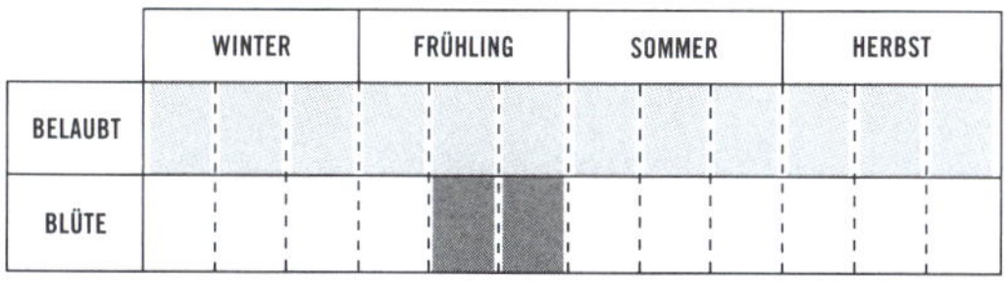

FARBE

BLÄTTER Grün, weiß oder gelb panaschiert
BLÜTEN Cremefarben, unscheinbar

AUSWAHL

Bei den meisten immergrünen Sorten handelt es sich um Abkömmlinge des pflegeleichten *Euonymus fortunei*. Die weißbunte 'Emerald Gaiety' und die gelb-grüne 'Emerald 'n' Gold' wachsen buschig und kräftig. Bei 'Harlequin' sind die jungen Blätter weiß, im ausgereiften Zustand grün gesprenkelt. Die ähnliche Art *E. japonicus* wächst eher aufrecht, die Sorten sind oft gelb panaschiert. Beide Arten eignen sich für windige, exponierte Plätze.

Durch regelmäßigen Schnitt behält die Pflanze ganzjährig Form und Farbe.

GUTE PARTNER Das dichte, kleine Laub gibt einen Schirm für aufregenderes Blattwerk mit abgerundeten oder spitzen Umrissen. Die leuchtende Farbe der panaschierten Formen kontrastiert mit bunten Sommerblumen.
GROSS *Fatsia japonica, Musa basjoo, Trachycarpus fortunei* **MITTEL** *Dryopteris erythrosora, Phormium* **KLEIN** *Begonia, Fuchsia, Heuchera*

PFLANZEN

Der Spindelstrauch ist besonders wertvoll für den Halbschatten. Geschnitten lassen sich Hochstämmchen in einem eigenen Topf mit Stütze ziehen, kleine Pflanzen dagegen eignen sich bestens für Kombinationen, besonders in Fensterkästen und Hängekörben für den Winter. Große Pflanzen brauchen strukturstabile Kübelpflanzenerde für eine langjährige Kultur.

KULTUR

Panaschierte Sorten strahlen im Frühling am hellsten, wenn der Neuaustrieb noch jung ist. Halten Sie die Erde auch im Winter feucht und düngen Sie im Frühling und Sommer einmal wöchentlich. Eingewachsene Pflanzen bilden winzige, unscheinbare Blüten. Der Spindelstrauch gedeiht in der Sonne oder im Halbschatten.

PFLEGE En leichter Schnitt im Frühjahr und Sommer fördert einen dichten Wuchs. Nicht geschnittene Pflanzen bilden lange Triebe, die mit Haftwurzeln an Wänden klimmen. Oft bilden sich reingrüne oder reingelbe Triebe, die man abschneiden muss.

Schneiden Sie reingrüne und reingelbe Triebe bei buntlaubigen Sorten heraus.

LENZROSE *HELLEBORUS × HYBRIDUS*

Diese Pflanzen werden im Sommer wegen ihrer kräftigen Blätter und im Spätwinter und Frühling wegen ihrer schönen Blüten geschätzt. Durch die große Vielfalt an Blütenfarben verleiten sie zum Sammeln. Unter passenden Bedingungen überdauern Lenzrosen viele Jahre.

CHARAKTER Winterharte, immergrüne Staude

HÖHE Bis zu 40 cm im Topf

BREITE Bis zu 45 cm im Topf

TOPFGRÖSSE Eine Pflanze pro 30-cm-Topf

JAHRESLAUF

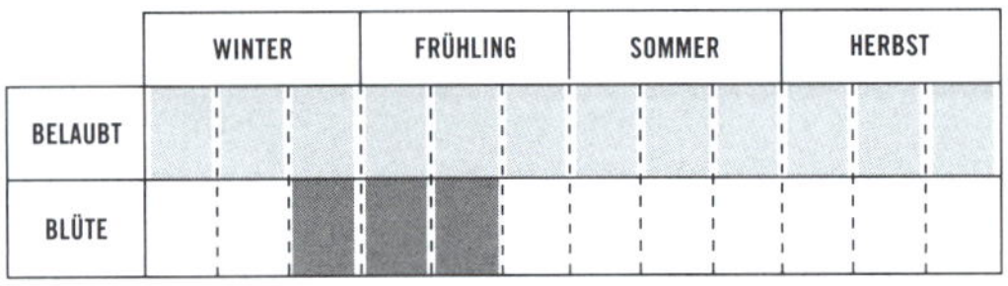

FARBE

BLÄTTER Dunkelgrün

BLÜTEN Weiß, rosa, rot, violett, grün oder blassgelb

KULTUR

Halten Sie die Erde immer feucht und düngen Sie im Frühling und Sommer wöchentlich. Welke Stängel schneiden Sie am Grund ab. Dadurch sehen die Pflanzen ordentlich aus und man vermeidet sowohl die Samenbildung als auch Blattlausbefall (S. 36).

Verwelkte Blüten werden entfernt, um die Samenbildung zu unterbinden.

PFLEGE Im Winter sollte man alte, unansehnliche Blätter am Grund abschneiden. Dies verhindert Krankheitsinfektionen am Neuaustrieb, außerdem kommen die Blätter im Frühjahr besser zur Geltung. Die langlebigen Pflanzen muss man nicht regelmäßig teilen, doch falls es nötig wird, macht man das im Winter, zur selben Zeit wie den Blattrückschnitt.

AUSWAHL

Unter allen *Helleborus*-Arten sind die Lenzrosen am beliebtesten. Sie eignen sich für den Halbschatten, haben attraktives, festes Laub und einfache oder gefüllte Blüten in vielen Farben. Aus Samen gezogene Pflanzen kommen günstiger als vegetativ vermehrte.

Weitere Möglichkeiten eröffnet die Christrose (*Helleborus niger*), die zeitiger im Jahr ihre weißen Blüten öffnet. Einige der neueren Hybriden, wie *H. × glandorfensis*, setzen keinen Samen an und blühen besonders reich. Ihr schönes Laub ist oft rosa oder silbrig gemustert.

Blühend gekaufte Lenzrosen bringen mitten im Winter sofort Farbe.

GUTE PARTNER In großen Töpfen unter Sträuchern sorgen sie für winterlichen Schmuck. Sie passen gut zu Zwiebelblumen und das Lenzrosenlaub überdeckt später die vergilbenden Blätter dieser. **GROSS** *Acer palmatum, Hydrangea anomala, Salix integra* 'Hakuro-nishiki' **MITTEL** *Daphne, Hemerocallis, Melianthus major* **KLEIN** *Carex, Hakonechloa macra, Heuchera*

PFLANZEN

Wenn man im ausgehenden Winter Pflanzen im blühenden oder knospigen Zustand erwirbt, kann man sich für die Farbe entscheiden, die einem am besten gefällt. Wässern Sie die Pflanzen vor dem Einsetzen, damit der Wurzelballen später gut Wasser aufnimmt. Mischen Sie Langzeitdünger unter das Substrat. Zusammen mit Stauden und Gräsern ergeben sich in großen Töpfen schöne Winteraspekte.

LILIENTRAUBE *LIRIOPE MUSCARI*

Die grasartigen Blätter bilden dichte Laubhorste, die sich im Verlauf der Jahreszeiten wenig verändern. Im Herbst erscheinen lange Ähren mit kugeligen Blüten in Violett, oder Weiß. Lilientrauben wachsen langsam, vertragen Schatten, sind langlebig und einfach in der Pflege.

CHARAKTER Winterharte, immergrüne Staude

HÖHE Bis zu 30 cm im Topf

BREITE Bis zu 30 cm im Topf

TOPFGRÖSSE Eine Pflanze pro 20-cm-Topf, drei Pflanzen pro 40-cm-Topf

JAHRESLAUF

	WINTER			FRÜHLING			SOMMER			HERBST		
BELAUBT	■	■	■	■	■	■	■	■	■	■	■	■
BLÜTE										■	■	

FARBE

BLÄTTER Dunkelgrün, oft zweifarbig

BLÜTEN Violett oder weiß

Die aufrechten Ähren bringen im Herbst willkommene Frische.

AUSWAHL

Liriope muscari zieht man vorwiegend wegen der festen, bogenförmigen Blätter. Zu den verbreitetsten Sorten gehören die reich blühenden 'Moneymaker' und 'Big Blue'. Sorten mit zweifarbigem Laub machen mehr her und können schattige Bereiche aufhellen. Dazu zählen die gelb gestreiften 'Variegata' und 'Gold-banded' sowie 'John Burch' mit cremefarbenem Rand. 'Monroe White' hat dunkelgrüne Blätter und weiße Blüten.

GUTE PARTNER Die Pflanzen blühen im Herbst, doch die dunkelgrünen, riemenförmigen Blätter sehen im Frühling und Sommer zwischen helleren, kleinen Gewächsen schön aus.
GROSS *Fatsia japonica, Ilex aquifolium, Laurus nobilis* **MITTEL** *Buxus sempervirens, Pseudopanax lessonii, Viburnum davidii*
KLEIN *Helleborus, Heuchera, Vinca major*

PFLANZEN

Blühende Pflanzen findet man oft im Herbst im Angebot, doch man kann Lilientrauben ganzjährig pflanzen. Die langlebigen Gewächse setzt man in Kübelpflanzenerde.

Liriope eignen sich bestens für Kästen, weil sie mit der Zeit breiter, aber nicht höher werden. Die schattenverträglichen und stets adrett aussehenden Gewächse können unter hohen Pflanzen in großen Töpfen wachsen. Blumenzwiebeln kann man dazwischenstecken.

KULTUR

Halten Sie die Erde immer feucht und düngen Sie den Frühling und Sommer hindurch. Die Pflanzen vertragen Trockenheit und etwas Vernachlässigung, doch wenn man sie pflegt, sehen sie besser aus und wachsen schneller. Sie blühen im Halbschatten reicher, aber sie wachsen noch im Vollschatten, wo sich längere und stärker überhängende Blätter entwickeln.

PFLEGE Die Pflanzen sehen gesünder und schöner aus, wenn man im Frühling alte Blätter abschneidet oder herauszieht. Im Winter schneidet man welke Blütenstände ab. Werden die Pflanzen nach einigen Jahren zu dicht, kann man sie im Frühjahr teilen und neu einsetzen.

Bei älteren Pflanzen schneidet man verbräunte Blätter heraus.

DAVIDS SCHNEEBALL

VIBURNUM DAVIDII

Der ansprechende, langsam wachsende Strauch hat glänzende, ovale Blätter mit drei Längsadern und roten Blattstielen. Büschel weißer Blüten erscheinen im Sommer.

CHARAKTER Winterharter, immergrüner Strauch

HÖHE Bis zu 60 cm im Topf

BREITE Bis zu 75 cm im Topf

TOPFGRÖSSE Eine Pflanze pro 30-cm-Topf

JAHRESLAUF

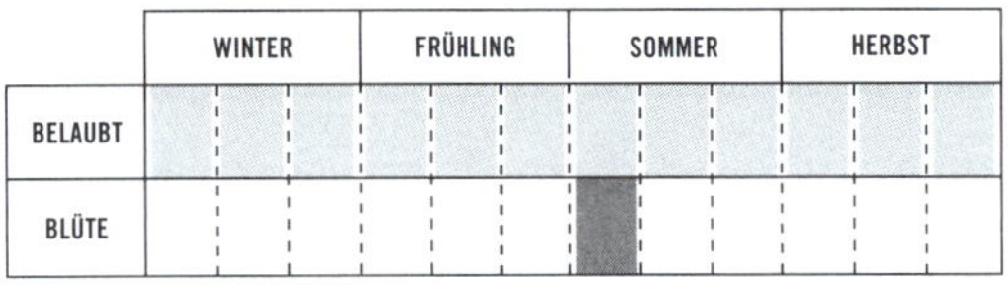

FARBE

BLÄTTER Dunkelgrün

BLÜTEN Wollweiß

Metallisch blaue Steinfrüchte erscheinen an weiblichen Pflanzen.

AUSWAHL

Die Art zeichnet sich durch ausdrucksstarkes Blattwerk und eine niedrige, ausgebreitete Wuchsform aus. Einzeln stehende Pflanzen bringen keine der auffälligen Früchte hervor, denn man braucht männliche und weibliche Exemplare. Wenn Sie Wert auf den Fruchtschmuck legen, kaufen Sie im Herbst zwei Pflanzen, von denen eine Steinfrüchte trägt.

Höher, aber lockerer wächst die nicht so häufig angebotene Art *V. cinnamomifolium*.

Sogar an kleinen Pflanzen erscheinen im Sommer weiße Blütenbüschel.

GUTE PARTNER Durch das markant texturierte Laub und den ausgebreiteten Wuchs eignet sich die Art als Unterbewuchs unter großen Blattschmuckpflanzen, besonders wenn diese hoch oder überhängend wachsen.
GROSS *Acer palmatum, Fatsia japonica, Trachycarpus fortunei* **MITTEL** *Buxus sempervirens, Phormium, Sarcococca* **KLEIN** *Hakonechloa macra, Heuchera, Liriope muscari*

PFLANZEN

Der auffällige immergrüne Strauch gedeiht im Halbschatten, in dichtem Schatten wächst er lockerer. Man setzt ihn besser in einen eigenen Topf als zusammen mit anderen Pflanzen, weil er so ausgebreitet wächst. Halten Sie die Erde immer feucht.

KULTUR

Düngen Sie während Frühling und Sommer, solange neuer Austrieb erscheint und zur Blütezeit. Falls Sie keine weibliche Pflanze haben, die Früchte ausbildet, schneiden Sie die Blütenstände gleich nach dem Verwelken für ein schönes Erscheinungsbild aus.

PFLEGE Ein leichter Schnitt im Frühjahr erhält die Form. Gießen Sie das ganze Jahr über, auch im Winter, weil die immergrüne Pflanze Feuchtigkeit braucht. Die Blätter mögen bei frostiger Witterung alarmierend hängen, aber sie erholen sich beim Auftauen. Dickmaulrüssler (S. 36) fressen oft Buchten in die Blattränder. Dem Schneeball macht dies nicht viel aus, doch es ist ein Anzeichen für die Anwesenheit des Schädlings, der anfälligere Pflanzen beeinträchtigen kann.

GROSSES IMMERGRÜN

VINCA MAJOR

Obwohl es so überschwänglich und unkompliziert wächst, wird das Große Immergrün oft zugunsten ungewöhnlicherer Pflanzen übergangen. Die hängenden Triebe und die fröhlichen Blüten besitzen viel Charme und weil die Kultur einfach ist, gibt es viele Einsatzmöglichkeiten fürs ganze Jahr.

CHARAKTER Winterhartes, immergrünes Gehölz

HÖHE 30 cm im Topf

BREITE Bis zu 45 cm im Topf

TOPFGRÖSSE Eine Pflanze pro 30-cm-Topf, drei Pflanzen pro 40-cm-Topf

JAHRESLAUF

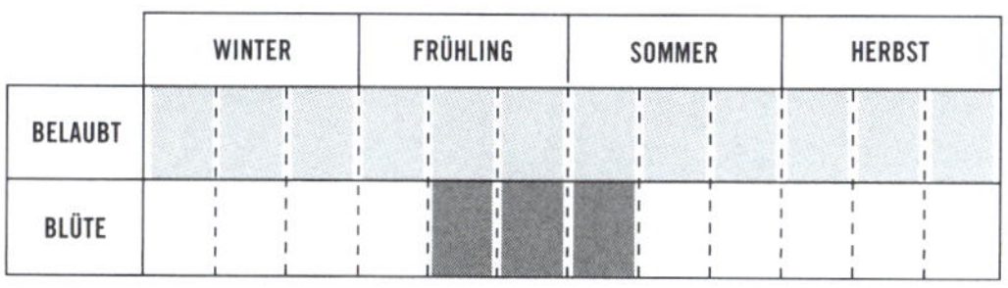

FARBE

BLÄTTER Grün

BLÜTEN Blauviolett

Die panaschierte Sorte 'Maculata' ziert mit Blättern und mit Blüten.

AUSWAHL

Von dieser vielseitigen Art findet man häufig Formen mit panaschierten Blättern: Bei 'Variegata' haben die Blätter einen blassgelben Rand, der sich aufhellt. 'Maculata' besitzt Blätter mit leuchtend gelber Mitte, bei 'Wojo's Jem' ist die Blattmitte hellgelb. *Vinca major* var. *oxyloba* hat dunkler blaue Blüten.

Die nahe verwandte Art *V. minor* ist in allen Teilen kleiner, bietet aber eine größere Sortenvielfalt, einschließlich der reich blühenden 'Bowles' Variety' und der leuchtend gelb panaschierten 'Illumination'.

GUTE PARTNER Panaschierte Sorten passen gut zu reingrünen Immergrünen und Zwiebelblumen im Frühjahr.
GROSS *Fatsia japonica, Salix integra* 'Hakuro-nishiki' **MITTEL** *Euonymus, Phormium, Sarcococca* **KLEIN** *Hosta, Liriope muscari, Narcissus*

PFLANZEN

Besonders im Frühling und Herbst werden Pflanzen im Set als Bodendecker angeboten. Setzen Sie für eine schnelle Wirkung mehrere kleine Pflanzen zusammen in gute Erde.

Das Große Immergrün hängt von Fensterkästen und Hängekörben herab.

KULTUR

Für ein kräftiges Wachstum sind feuchte Erde und regelmäßiges Düngen erforderlich. Die Pflanzen können unter Sommerhitze leiden, daher ist ein halbschattiger Platz am besten. Damit der leuchtende Neuaustrieb mit den Blüten in Erscheinung tritt, schneiden Sie die alten Triebe im zeitigen Frühling zurück, sofern sie nicht vom Pflanzgefäß herabhängen sollen.

PFLEGE Für gutes Wachstum und besten Blütenansatz düngen Sie im Frühling. Nach ein paar Jahren lässt die Wüchsigkeit nach. Man kann zu dicht gewachsene Pflanzen im Frühling teilen oder man senkt Triebe auf die Erde ab, damit sie sich bewurzeln.

Manche Pflanzen sehen bei jedem Wetter gut aus. Zu dieser Gruppe gehören Immergrüne für die Sonne und den Schatten und Pflanzen, die uns mit ihrer monatelangen Blütezeit anhaltend Freude bereiten.

FÜR DAS GANZE JAHR

Es gibt einige fantastische Pflanzen, die vielseitig zu verwenden sind, richtige Allrounder, die Glanz und Spannung in den Garten oder in den Innenhof bringen, für den Fall, dass Flauten in der Farbkraft und Abfolge der Blüten entstehen. Mit diesen Pflanzen sieht der Raum im Freien das ganze Jahr über gut aus.

PFLANZEN FÜR VIELE JAHRESZEITEN

Topfpflanzen hat man nicht zwingend nur für eine Wachstumsperiode, vielmehr gibt es einige besondere Gewächse, wie etwa der staudige Goldlack, die scheinbar niemals aufhören zu blühen und die meiste Zeit des Jahres strahlen. Die Besenheide hat im Spätsommer ihren Höhepunkt, doch ihr Laub zeigt immer Farbe, besonders bei Sorten mit gelben oder orangefarbenen Blättern, die je nach Jahreszeit unterschiedliche Töne annehmen können. Wenige Pflanzen haben mehr zu bieten als der Lorbeer-Schneeball (*Viburnum tinus*), der den Winter und Frühling hindurch (oft schon im Herbst) blüht, aber nicht zuverlässig winterhart ist. Bereits die Knospen schmücken, so wie bei *Skimmia japonica*, die Sie unbedingt einplanen sollten.

BLUMEN IM WINTER

Berücksichtigen Sie ein paar Pflanzen für winterlichen Schmuck. Blüten im Winter sind üblicherweise klein, aber in diesen langen, kalten Monaten bedeutet jedes bisschen Farbe etwas Besonderes. Die winzigen Blüten der nicht winterharten Fleischbeere (*Sarcococca*) duften süß bei kühlem Wetter. Noch süßer duften die auffälligen Blüten der winterharten Seidelbast-Arten (*Daphne*). Im Topf können Sie deren Schönheit aus der Nähe bewundern. Die außergewöhnliche Lachs-Correa (*Correa pulcella*) verdient einen herausragenden Platz, wo man ihre Blüten im Winter bewundern kann, doch das hübsche Blattwerk ziert das ganze Jahr über.

HÖCHST GESCHÄTZTE IMMERGRÜNE

Immergrüne schmücken gerade im Winter, wenn weniger Blüten unsere Aufmerksamkeit beanspruchen. Sie bilden einen neutralen Hintergrund für Sommerblumen, doch ihr Aufbau und ihr Blattwerk treten erst im Winter richtig hervor. Die Blätter zeigen große Unterschiede in Bezug auf Farbe, Größe und Textur. Wählen Sie daher so viele wie möglich für ganzjährige Attraktivität. Immergrüne sind ideal für schattige Plätze, weil sie mit wenig Sonne auskommen. Die glänzenden Blätter etwa der Stechpalme leuchten an den dunkelsten Stellen.

ASTELIE *ASTELIA CHATHAMICA*

Die überhängenden metallisch glänzenden Blätter setzen in jeder Gruppe Akzente. Die langlebigen Astelien wachsen mit den Jahren zu großen Solitärpflanzen heran. An älteren Pflanzen erscheinen Blütenständen mit kleinen Blüten und vielleicht sogar orangefarbenen Früchten.

CHARAKTER Nicht zuverlässig winterharte, immergrüne Staude, braucht Schutz unter –10 °C

HÖHE Bis zu 1 m im Topf

BREITE Bis zu 1 m im Topf

TOPFGRÖSSE Eine Pflanze pro 30-cm-Topf, braucht nach einem Jahr einen größeren Topf

JAHRESLAUF

	WINTER			FRÜHLING			SOMMER			HERBST		
BELAUBT	■	■	■	■	■	■	■	■	■	■	■	■
BLÜTE						■	■					

FARBE

BLÄTTER Silbrig grün

BLÜTEN Grün

AUSWAHL

Am häufigsten wird die Art *Astelia chathamica* gezogen. Sie wird oft unter der Sortenbezeichnung 'Silver Sword' angeboten, obwohl dies der englische Trivialname ist. Die Blattoberseite ist grün, die Unterseite silbrig.

Die nahe verwandte *A. nervosa* bleibt kleiner, sie hat schmalere Blätter, die oft einen bronzefarbenen metallischen Schimmer haben. Der Bronzeton von 'Westland' ist bei Kälte intensiver.

Astelia nervosa braucht ausreichend Platz für das überhängende Laub.

GUTE PARTNER Das markante Blattwerk sieht gut neben Gräsern und großem, architektonischem Laub aus, ebenso neben rosa, weißen und blauen Blumen im Sommer. **GROSS** *Canna, Melianthus major, Olea europaea* **MITTEL** *Correa pulchella, Euphorbia, Phormium* **KLEIN** *Festuca glauca, Heliotropium arborescens, Liriope muscari*

PFLANZEN

Die Kultur gelingt leicht und die Pflanzen leben viele Jahre lang, sofern sie die bestmögliche Dränage haben. Stauende Nässe halten sie nicht aus. Pflanzen Sie im Frühling oder Sommer in leicht saure Universalerde oder in Rhododendronerde (obwohl es sich nicht um kalkfliehende Pflanzen handelt). Astelien gedeihen in verblüffend kleinen Töpfen. Stecken Sie im Herbst oder Winter keine kleinen Pflanzen in große Töpfe, denn dann wären sie völlig unnötig von nasser Erde umgeben.

KULTUR

Halten Sie die Erde immer feucht und geben Sie regelmäßig einmal pro Woche Flüssigdünger. Das ist besonders wichtig, wenn die Pflanzen das Pflanzgefäß ausfüllen und das Blattwerk überhängt. Man muss aufpassen, dass Wasser in die Topfmitte gelangt. Im Sommer ist ein Untersetzer zum Wässern günstig, doch man muss ihn im Herbst zum Schutz vor Nässe entfernen.

PFLEGE Entfernen Sie alle alten Blätter aus der Mitte, damit die Pflanze gut aussieht. Nach ein paar Jahren kann man den Horst teilen, am besten geschieht dies im Frühling. Astelien kommen mit Wind gut zurecht, doch strenger Frost schädigt das Laub. Daher sollte man es während Kälteperioden mit Vlies abdecken. Im Winter muss die Pflanze geschützt im Haus stehen.

Alte Blätter zieht man bei *A. chathamica* heraus, damit der silbrige Eindruck bleibt.

BESENHEIDE *CALLUNA VULGARIS*

Besenheiden haben einen unschätzbaren Wert für den Ganzjahresschmuck. Die kleinen Blüten erscheinen in großer Fülle, sie ziehen Bienen und andere Bestäuber magnetisch an. Das oft gelbe Laub verfärbt sich bei Kälte bronzefarben. Die winterharte Besenheide gedeiht nur in der Sonne.

CHARAKTER Winterharter, immergrüner Kleinstrauch

HÖHE Bis zu 30 cm im Topf

BREITE Bis zu 30 cm im Topf

TOPFGRÖSSE Drei Pflanzen pro 30-cm-Topf

JAHRESLAUF

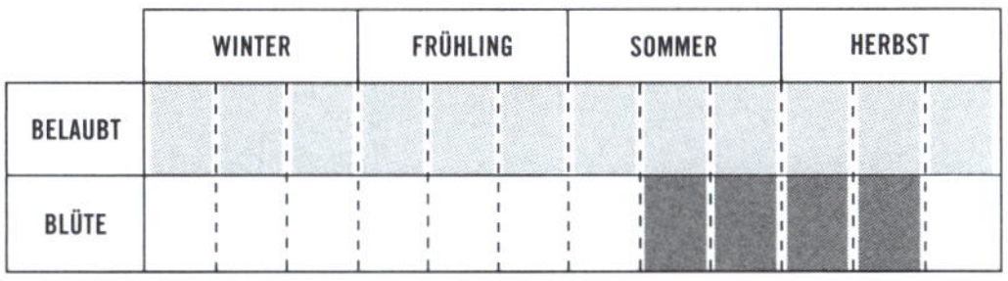

FARBE

BLÄTTER Grün, gelb, bronze- oder orangefarben

BLÜTEN Weiß, rosa, karminrot oder violett

Pflegeleichte Besenheide bringt monatelang Farbenpracht in Töpfe.

AUSWAHL

Am weitesten verbreitet sind die Knospenheiden der Serie Garden Girls, sie blühen viele Monate lang: 'Anette' in Rosa, 'Alicia' in Weiß, 'Athene' in Violett. Oft werden mehrere Sorten in einem Topf vermarktet. Im Winter blühende Eriken (*Erica carnea* und *E. × darleyensis*) sind besonders wertvoll für Frühlingsarrangements.

GUTE PARTNER Pflanzen Sie Besenheide allein in einen Topf oder zusammen mit kleinen Gewächsen, die sie nicht bedrängen. Blumenzwiebeln ergänzen sie im Frühling. **GROSS** *Juniperus scopulorum* 'Sky Rocket', *Salix integra* 'Hakuro-nishiki' **MITTEL** *Carex, Euphorbia, Lavandula* **KLEIN** *Dianthus, Festuca glauca, Narcissus*

PFLANZEN

Besenheide kann man jederzeit pflanzen, doch meist wird sie blühend zum Ende des Sommers angeboten. Eine Pflanze kann mit der Zeit viel Raum einnehmen, doch für eine schnelle Wirkung setzen Sie die Pflanzen in etwa 8 cm Abstand, dann füllen sie den Platz nach einem Jahr aus. Man pflanzt in kalkfreie Erde, am besten Rhododendronerde. Im ersten Jahr kann man noch temporären Pflanzenschmuck dazusetzen, den man im Folgejahr nicht mehr ersetzen muss.

KULTUR

Weil die Wurzeln der Besenheide nicht tief gehen, eignen sich niedrige Töpfe, vorausgesetzt die Pflanzen trocknen nie aus. Gießen Sie deshalb regelmäßig. Düngen Sie im Frühling und Sommer einmal wöchentlich. Die Töpfe müssen immer in der Sonne stehen. Die Erde muss im ersten Jahr von Unkraut freigehalten werden, später wird sie von der Pflanze verdeckt.

PFLEGE Die Triebe können von unten her verkahlen. Vorbeugend schneidet man jedes Jahr: Die abgeblühten Triebe kürzt man im Herbst ein oder vor Austriebsbeginn im Frühjahr. Die Pflanzen können jahrelang im Pflanzgefäß bleiben, oder man topft sie frisch ein.

Die völlig winterharte Besenheide hält sowohl Frost als auch Schnee aus.

LACHS-CORREA

CORREA PULCHELLA

Die immergrünen Sträucher haben ein schönes Laub und hübsche glockenförmige Blüten. Sie entwickeln sich zu Kuppeln aus eleganten, rundlichen Blättern, die oft eine graue oder rostbraune Unterseite haben. Die Pflanzen brauchen aber ein mildes Klima, um sich gut zu entwickeln.

CHARAKTER Nicht zuverlässig winterharter, immergrüner Strauch, windverträglich, braucht Schutz unter -5 °C

HÖHE 60–90 cm im Topf

BREITE 60–90 cm im Topf

TOPFGRÖSSE Eine Pflanze pro 30-cm-Topf

☼

JAHRESLAUF

	WINTER			FRÜHLING			SOMMER			HERBST		
BELAUBT	■	■	■	■	■	■	■	■	■	■	■	■
BLÜTE	■	■	■	■								■

FARBE

BLÄTTER Silbrig grau, graugrün

BLÜTEN Rot, rosa oder orange

Die Lachs-Correa bereichert im Winter einen geschützten Platz mit Blüten.

AUSWAHL

Die kompakten Pflanzen tragen wunderbare Blüten in Rot, Rosa oder Orange, die sich vom zierlichen dunkelgrünen Laub abheben. Die Blütezeit fällt in die Wintermonate, wenn kaum etwas blüht. Die kleinen Blüten erscheinen in großer Zahl und kommen in einem geschützten Innenhof oder Wintergarten ausgezeichnet zur Geltung.

Die Art *Correa backhousiana* hat eine etwas bessere Winterhärte. Sie bildet monatelang cremefarbene Blüten, aber sie wächst weniger kompakt. Es gibt auch verschiedene Hybriden.

GUTE PARTNER Durch das gräuliche Laub und den offenen Wuchs passt Lachs-Correa gut zu anderen Sonne liebenden Pflanzen.
GROSS *Olea europaea, Pseudopanax lessonii, Trachelospermum jasminoides* **MITTEL** *Alstroemeria, Astelia chathamica, Phormium* **KLEIN** *Lavandula, Osteospermum, Verbena*

PFLANZEN

Die Pflanzen werden üblicherweise im Winter und Frühling zum Kauf angeboten. Man kann sie das ganze Jahr über pflanzen, doch sie brauchen Schutz vor Kälte. Sie benötigen einen geschützten Platz, möglichst in Nischen an der Wand. Junge Pflanzen sind kälteempfindlicher als ältere.

Man pflanzt in lockere Kübelpflanzenerde. Weil Staunässe leicht zu Schäden führt, verwendet man am besten poröse Pflanzgefäße aus Ton oder Steingut.

KULTUR

Im Frühling und Sommer gießt man großzügig, die Erde muss immer feucht bleiben, auch im Winter. Geben Sie von Frühling bis Herbst kalibetonten Dünger. Junge Pflanzen muss man vielleicht stützen, bis sie eingewachsen sind, vor allem in exponierten Lagen.

PFLEGE Im Frühjahr erfolgt ein leichter Schnitt und der Großteil der abgeblühten Triebe wird entfernt. Dadurch bleiben die Pflanzen kompakt und bilden weniger überlange Stängel. Ab Herbst schützen Sie die Pflanzen mit Vlies, das Sie bei milder Witterung entfernen, damit man die Blüten sieht. Im Winter können die Pflanzen geeignete Plätze im Haus schmücken.

DUFTENDER SEIDELBAST *DAPHNE ODORA*

Der rundliche, immergrüne Strauch öffnet seine duftenden Blüten im Frühling. Obwohl sie klein sind, kann man sie nicht übersehen, denn ihr Duft erfüllt die ganze Umgebung. Die Kultur vieler Seidelbast-Arten ist nicht leicht, doch diese wachsen überall gut, wo es nicht zu kalt ist.

CHARAKTER Immergrüner Strauch, windverträglich, braucht Schutz unter -5 °C

HÖHE Bis zu 90 cm im Topf

BREITE 90 cm im Topf

TOPFGRÖSSE Eine Pflanze pro 30-cm-Topf

JAHRESLAUF

	WINTER			FRÜHLING			SOMMER			HERBST		
BELAUBT	■	■	■	■	■	■	■	■	■	■	■	■
BLÜTE			■	■								

FARBE

BLÄTTER Kräftiges, glänzendes Grün, manchmal panaschiert

BLÜTEN Weiß, aus rosa Knospen

Die zarten Blüten erfüllen im Winter die Luft mit ihrem süßen Duft.

AUSWAHL

Im zeitigen Frühjahr sind die Blüten von *Daphne odora* die Hauptattraktion im Innenhof, unverwechselbar und unverkennbar durch ihren herrlichen Duft.

Von der zuverlässigen Pflanze wird oft die leicht panaschierte Auslese 'Aureomarginata' angeboten, in den vergangenen Jahren kamen stärker panaschierte Sorten mit ins Angebot, etwa 'Mae-jima'.

Höher als *D. odora* wächst *D. bholua*, die ebenso gut duftet, aber nicht so leicht im Topf zu kultivieren ist. PERFUME PRINCESS ist eine Hybride zwischen diesen beiden Arten. Sie bringt eine Fülle zauberhafter rosa, duftender Blüten.

GUTE PARTNER Das glänzend grüne Laub gibt im Sommer einen Hintergrund für lebhafte Blumen und charaktervolles großes oder linealisches Laub. **GROSS** *Fatsia japonica, Nerium oleander, Pseudopanax lessonii* **MITTEL** *Astelia chathamica, Euphorbia, Lantana camara* **KLEIN** *Helleborus, Nerine bowdenii, Yucca*

PFLANZEN

Seidelbast wächst gut in der Sonne oder im Halbschatten, er verträgt kalkhaltige Erde. Die etwas frostempfindliche Pflanze blüht am besten an einem sonnigen, geschützten Platz, obwohl es dort zu vergilbtem, spärlichem Laub kommen kann. In diesem Fall hilft womöglich eine stickstoffbetonte Düngung. Im Halbschatten entsteht üppigeres, grüneres Blattwerk, die Pflanzen blühen dort aber schwächer.

KULTUR

Halten Sie die Erde immer feucht. Nach der Blüte setzt starkes Wachstum ein, düngen Sie daher im Spätfrühling und Sommer wöchentlich, aber nicht im Herbst, damit das Holz ausreift. Die Blütenbildung wird durch phosphorbetonten Dünger gefördert, doch bei vergilbendem Laub an einem sonnigen Standort hilft ein ausgeglichener Mehrnährstoffdünger. Für gleichmäßigen Wuchs drehen Sie den Topf öfter einmal.

PFLEGE Ein regelmäßiger Schnitt ist nicht nötig, doch lange Triebe sollte man im Frühling nach der Blüte pinzieren. Dies fördert buschigeren Wuchs. Die meisten *Daphne*-Arten vertragen keinen Schnitt, doch *D. odora* und *D. bholua* kann man vorsichtig schneiden, auch um Stecklinge zu bekommen.

Lange Triebe kürzt man, indem man im Frühjahr die Spitzen abzwickt.

NELKE *DIANTHUS*

Einjährige und staudige Nelken sind wegen ihrer duftenden Blüten beliebt. Traditionelle Sorten blühen einmal im Frühsommer, moderne Typen blühen den ganzen Sommer hindurch, doch nicht alle duften intensiv. Das blaugraue Laub besitzt einen ganz eigenen Schmuckwert.

CHARAKTER Winterharte Staude oder Einjährige

HÖHE Bis zu 15–45 cm im Topf, je nach Art

BREITE Bis zu 20–30 cm im Topf, je nach Art

TOPFGRÖSSE Drei Pflanzen pro 30-cm-Topf

☼

JAHRESLAUF

	WINTER			FRÜHLING			SOMMER			HERBST		
BELAUBT	■	■	■	■	■	■	■	■	■	■	■	■
BLÜTE							■	■	■	■		

FARBE

BLÄTTER Grün, graugrün oder silbrig

BLÜTEN Weiß, lachsrosa, rosarot, rot, lila oder zweifarbig

Ausputzen welker Blüten sorgt für größere Blüten und gutes Aussehen.

AUSWAHL

Unter den staudigen Nelken bilden viele Feder-Nelken (wie die lachsrosa 'Doris') und die Devon-Nelken (wie die violette 'Devon Wizard') monatelang gefüllte Blüten. Die Einjährigen wie Chineser-Nelken, Chabaud-Nelken und die zweijährigen Bart-Nelken haben meist einfache Blüten in vielen Farben.

Einjährige Nelken sind attraktive Sommerblumen.

GUTE PARTNER Einjährige Nelken passen gut zu anderen Sommerblumen, staudige harmonieren mit silbrigem Laub und strauchartigen Kräutern wie Lavendel. **GROSS** *Cordyline australis, Olea europaea, Salix integra* 'Hakuro-nishiki' **MITTEL** *Lavandula, Lilium, Penstemon* **KLEIN** *Fuchsia, Heliotropium arborescens, Verbena*

PFLANZEN

Frostharte staudige Nelken gibt es im Frühling oder Sommer zu kaufen. Die Einjährigen werden im Spätfrühling angeboten, sie halten leichten Frost aus, sind aber in der Regel nicht zuverlässig winterhart. Sie werden in den Herbst hinein bis zu den ersten Frösten blühen, doch sie nehmen bei nasskalter Witterung Schaden.

Für einjährige Nelken kann man Universalerde verwenden, doch die Stauden brauchen ein strukturstabiles Kübelpflanzensubstrat. Setzen Sie sie nicht zu dicht mit anderen Pflanzen zusammen, dies führt zu Fäulnis. Pflanzen Sie sie auch nicht tiefer ein, als sie zuvor im Verkaufstopf standen.

KULTUR

Einjährige Nelken sollte man großzügig wässern und düngen. Das Ausputzen welker Blüten bewahrt einen ordentlichen Anblick und verhindert, dass sich Schimmel auf Blättern und Stängeln bildet. Die Stauden brauchen volle Sonne und rundum Luftbewegung, damit sie nicht faulen, und gut dränierte Erde. Düngen Sie wöchentlich von Frühling bis Spätsommer. An jedem Stängel bilden sich mehrere Blüten, und wenn die letzte welkt, zwicken Sie den Stängel am Grund ab.

PFLEGE Wenn die Blüte im Frühherbst endet, ziehen Sie die Einjährigen heraus. Die Stauden halten mehrere Jahre, doch sie sehen im ersten und zweiten Jahr am besten aus. Mit dem Alter werden sie langbeinig, mit blattlosen braunen Stängeln am Grund. Nach drei Jahren muss man die Pflanzen ersetzen.

GOLDLACK *ERYSIMUM CHEIRI*

Die Halbsträucher blühen von April bis zum Herbst, sie erweisen sich als wahre Schmetterlingsmagneten. Die auffälligen, oftmals wohlriechenden Blüten zeigen viel länger Farbe als die meisten anderen Pflanzen. Nicht alle Sorten besitzen duftende Blüten, generell wird am meisten der starke Auftritt geschätzt.

CHARAKTER Nicht zuverlässig winterharter Halbstrauch, braucht Schutz unter −5 °C

HÖHE Bis zu 40 cm im Topf, je nach Sorte

BREITE Bis zu 40 cm im Topf

TOPFGRÖSSE Eine Pflanze pro 30-cm-Topf

JAHRESLAUF

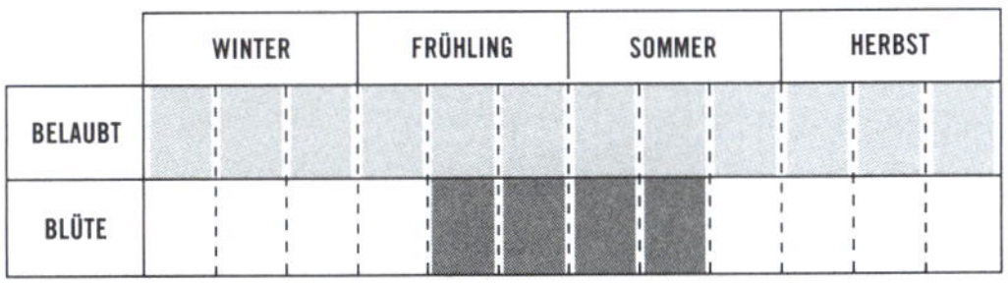

FARBE

BLÄTTER Grün oder graugrün, manchmal panaschiert

BLÜTEN Rosalila, violett, rot, gelb oder orange

'Red Jep' blüht an einem sonnigen Platz viele Monate lang.

AUSWAHL

Der mehrjährige Goldlack erfreut sich großer Beliebtheit, vorwiegend wegen seiner auffälligen Blüten, die monatelang erscheinen. Bei manchen Sorten duften sie. Unter den verschiedenen Sorten ist die zuverlässige 'Bowles' Mauve' mit wunderbaren rosalila Blüten am weitesten verbreitet. Kleiner bleibt die gedrungene 'Red Jep' mit duftenden roten Blüten. Neuere Sorten bieten eine größere Bandbreite an Farben.

'Bowles' Mauve' hat blaugrüne Blätter und lange, hübsche Blütenstände.

GUTE PARTNER Goldlack passt gut zu anderen Sommerblumen und Sonne liebenden Stauden, besonders zu graulaubigen. **GROSS** *Laurus nobilis, Olea europaea, Salix integra* 'Hakuro-nishiki' **MITTEL** *Euphorbia, Lavandula* **KLEIN** *Festuca glauca, Nemesia*

PFLANZEN

Im Frühling erhält man gewöhnlich kleine Pflanzen, größere Pflanzen in voller Blüte gibt es im Sommer. Die großen, wüchsigen Pflanzen können kleinere, langsam wachsende Gewächse unterdrücken. Für nur höchstens ein Jahr setzt man Goldlack in Universalerde in einen Topf mit verschiedenen Pflanzen. Über mehrere Jahre pflanzt man Goldlack allein in mineralische Erde.

KULTUR

Goldlack hält sich oft zwei Jahre lang, bevor er langbeinig wird und unter dem eigenen Gewicht zusammenbricht. Das passiert bei übermäßigem Gießen und Düngen schneller, vermeiden Sie daher Überdüngung und kultivieren Sie in sandiger Erde und in voller Sonne. Im Schatten strecken sich die Pflanzen und blühen nicht gut. Geben Sie zur Blütezeit alle 14 Tage kalibetonten Dünger.

PFLEGE Die Blüten erscheinen an langen Ständen an den Triebspitzen. Wenn die letzten Blüten welken, schneidet man zurück. Junge Pflanzen reagieren gut auf einen Schnitt. Man schneidet im Frühling oder im Sommer, doch nicht im Herbst, weil der Neuaustrieb empfindlich auf Frost reagiert. Nach zwei Jahren ersetzt man die Pflanzen: Im Frühherbst geschnittene Stecklinge bewurzeln leicht. Im Winter schützt eine Vliesdecke.

STECHPALME *ILEX AQUIFOLIUM*

Die immergrüne Stechpalme kann im Schatten wie in der Sonne stehen. Man kann sie als freiwachsenden Strauch erziehen oder als Formschnittgehölz. Fast alle Sorten sind entweder männlich oder weiblich und für eine Fruchtbildung müssen beide Geschlechter vorhanden sein.

CHARAKTER Winterharter, immergrüner Strauch
HÖHE Bis zu 2 m im Topf
BREITE Bis zu 1 m im Topf
TOPFGRÖSSE Eine Pflanze pro 30-cm-Topf

JAHRESLAUF

	WINTER			FRÜHLING			SOMMER			HERBST		
BELAUBT	■	■	■	■	■	■	■	■	■	■	■	■
BLÜTE						■						

FARBE

BLÄTTER Grün, weiß oder gelb panaschiert
BLÜTEN Weiß, klein

Bei nur leichtem Schnitt entwickeln sich an weiblichen Pflanzen rote Früchte.

AUSWAHL

Wenn Sie ein fertig erzogenes Formschnittbäumchen erwerben wollen, werden Sie nicht viel Auswahl bei der Sorte haben. Beliebt sind panaschierte Formen: 'Handsworth New Silver' hat markant weiß gerandete Blätter und trägt viele Früchte. Die männliche Sorte 'Golden Milkboy' hat gelb gefleckte Blätter. Bei *Ilex × altaclerensis* ist das Laub nahezu stachellos. Weibliche Stechpalmen bilden rote Beeren, wie die verbreiteten panaschierten Sorten 'Lawsoniana' und 'Golden King'. 'J. C. van Tol' ist selbstfruchtbar. Blüten und Früchte locken Tiere in den Garten.

Ein geschnittenes Hochstämmchen kontrastiert schön mit Stiefmütterchen.

GUTE PARTNER Das glänzende Blattwerk passt gut zu dunklerem Laub. Panaschierte Sorten passen zu gelben und weißen Blüten.
GROSS *Fatsia japonica, Hedera colchica, Phyllostachys nigra* **MITTEL** *Buxus sempervirens, Hemerocallis, Lilium*
KLEIN *Begonia, Heuchera, Hosta*

PFLANZEN

Pflanzen kann man jederzeit, man verwendet hochwertige Kübelpflanzenerde und topft nach Bedarf alle paar Jahre mit zunehmendem Wachstum um. Hochstämmchen werden immer eine Stütze brauchen. Nur die weiblichen Pflanzen bilden Früchte. Sie müssen von einer männlichen Pflanze in der Nähe bestäubt werden.

KULTUR

Halten Sie die Erde stets feucht. Stechpalmen welken nicht, wenn das Substrat austrocknet, doch in der Folge fallen Wochen später die Blätter ab. Düngen Sie im Frühling und Sommer einmal wöchentlich. Etwas Blattfall im Spätfrühling ist normal, wenn das junge Laub ausreift. Zwicken Sie für einen dichten Wuchs noch weiche Triebspitzen im Frühsommer auf die halbe Länge ab.

PFLEGE Zu groß gewachsene Pflanzen kann man im Frühjahr stark zurückschneiden. Das ist sinnvoll, wenn vernachlässigte Pflanzen langtriebig geworden sind. Stechpalmen sind anfällig für Schildläuse (S. 37). Man erkennt den Befall frühzeitig an Honigtau auf den Blättern. Insektenlarven hinterlassen auch braune Miniergänge auf den Blättern. Regelmäßiges Gießen und Düngen beugt beiden Problemen vor.

FLEISCHBEERE *SARCOCOCCA*

Die glänzenden Blätter sehen das ganze Jahr über schön aus, besondere Wirkung zeigen sie aber im Winter. Der Strauch überlebt zwar sogar im Vollschatten, doch am bedeutendsten sind die Blüten, die sich mitten im Winter öffnen. Sie sind unscheinbar, aber sie duften stark.

CHARAKTER Winterharter, immergrüner Strauch, braucht Schutz vor direktem Sonnenlicht

HÖHE 90 cm im Topf, je nach Art

BREITE 60 cm im Topf, je nach Art

TOPFGRÖSSE Eine Pflanze pro 30-cm-Topf

JAHRESLAUF

	WINTER			FRÜHLING			SOMMER			HERBST		
BELAUBT												
BLÜTE												

FARBE

BLÄTTER Dunkelgrün

BLÜTEN Weiß, klein

Junge Pflanzen sind noch schlank, doch sie werden sich verzweigen und ausbreiten.

Eine kleine Fleischbeere (mittlere Höhe) bringt Duft ins Wintergefäß.

AUSWAHL

Der robuste und pflegeleichte Strauch wächst dicht und bringt im Winter wunderbar duftende, kleine Blüten.

Die verschiedenen *Sarcococca*-Arten ähneln sich sehr: *S. confusa* hat schwarze, *S. ruscifolia* dagegen rote Beeren, sonst sind sie vergleichbar. *S. hookeriana* wächst mehr aufrecht und hat rötliche Triebe. Die neuere kompakte Hybride WINTER GEM ist ideal für Pflanzgefäße, die Beeren reifen von Rot nach Schwarz. Alle sind mit etwas Schutz winterhart und sehen am besten aus, wenn sie vor starkem und direktem Sonnenlicht geschützt sind.

GUTE PARTNER Die aufrechten Triebe sind von feingliedrigen Blättern eingehüllt, die für sich nicht viel hermachen, aber sie ergeben einen wertvollen Hintergrund für andere Schatten liebende Pflanzen.

GROSS *Camellia, Fatsia japonica, Phyllostachys nigra, Viburnum tinus* **MITTEL** *Dryopteris erythrosora, Euonymus fortunei* **KLEIN** *Begonia, Hosta, Liriope muscari*

PFLANZEN

Gepflanzt wird in strukturstabile Kübelpflanzenerde. Im ersten Jahr können Sie rundherum Sommerblumen setzen, doch die Sträucher werfen dichten Schatten, sodass es in den Folgejahren mit der Unterpflanzung schwierig wird. Neuaustrieb von der Basis führt zu immer dichterem Wuchs.

KULTUR

Der anspruchslose Strauch hält etwas Vernachlässigung aus, obwohl dies zu Blattverlust führen kann. Die Pflanzen vertragen keine Staunässe, stellen Sie daher den Topf nicht in Untersetzer. Halten Sie die Erde gleichmäßig feucht und geben Sie von Frühling bis Spätsommer einmal wöchentlich Flüssigdünger, solange neuer Austrieb erscheint.

PFLEGE Mit dem Alter entwickeln die Pflanzen längere Triebe. Wenn diese zu lang werden, kappt man sie gegen Sommerende. Alte Triebe werden ziemlich dürr und verlieren nach ein paar Jahren Blätter. Man kann sie jederzeit auf Bodenniveau abschneiden. Die Pflanzen überdauern in verblüffend kleinen Gefäßen, solange sie ausreichend Nährstoffe erhalten. Aufgehelltes Laub weist auf Nährstoffmangel hin oder die Pflanze braucht mehr Schatten.

SKIMMIE *SKIMMIA JAPONICA*

Wegen ihrer lang haltenden hübschen Blütenknospen sind diese Pflanzen für herbstliche Bepflanzungen beliebt. Sie haben schönes Laub und im Frühling öffnen sich süßlich duftende Blüten. Weibliche Pflanzen entwickeln Früchte, sodass Skimmien über alle Jahreszeiten hinweg wirken.

CHARAKTER Winterharter, immergrüner Strauch
HÖHE Bis zu 75 cm im Topf
BREITE Bis zu 75 cm im Topf
TOPFGRÖSSE Eine Pflanze pro 30-cm-Topf

JAHRESLAUF

	WINTER	FRÜHLING	SOMMER	HERBST
BELAUBT	■ ■ ■	■ ■ ■	■ ■ ■	■ ■ ■
BLÜTE	□ □ □	■ ■ □	□ □ □	□ □ □

FARBE

BLÄTTER Mittelgrün

BLÜTEN Cremefarben

AUSWAHL

Die mit Abstand am häufigsten kultivierte Sorte 'Rubella' ist männlich. Sie zeigt im Herbst und Winter große, kompakte, rote Knospenbüschel. Neuerdings kamen panaschierte Formen mit grau überlaufenen, cremefarben gerandeten Blättern hinzu. Wenn Sie Früchte wünschen, empfehlen sich 'Magic Marlot', 'Perosa', 'Nymans' sowie die kompaktere OBSESSION, doch zur Fruchtbildung braucht es auch eine männliche Pflanze.

Die lebhaften Blütenknospen von 'Rubella' leiden nicht unter Frost.

GUTE PARTNER Die runden Blätter kontrastieren mit größeren, riemenförmigen Blättern. Die Blüten steuern farbenfrohen Frühjahrsbepflanzungen angenehmen Duft bei.
GROSS *Fatsia japonica, Musa basjoo, Trachycarpus fortunei* **MITTEL** *Euonymus fortunei, Lilium, Pseudopanax lessonii* **KLEIN** *Hakonechloa macra, Helleborus, Hosta*

PFLANZEN

Oft werden im Herbst kleine, knospige Pflanzen für Fensterkästen und Töpfe angeboten. Auch größere Pflanzen sind erhältlich – man kann sie das ganze Jahr über setzen. Skimmien brauchen kalkfreie Erde wie Rhododendronerde. In kalkhaltiger Erde wird das Laub gelb und das Wachstum ist immer schwach. Im ersten Jahr kann man kleine Pflanzen mit saisonalen Beetpflanzen umgeben, doch wenn sie wachsen und sich ausbreiten, verhindert der Schattenwurf ein Unterpflanzen.

KULTUR

Skimmien verlangen gut dränierte Erde und vertragen Staunässe nicht. Halten Sie die Erde feucht und düngen Sie zwischen Frühling und Spätsommer wöchentlich. Wurde in gewöhnliche Erde gepflanzt, ist Rhododendrondünger zu empfehlen. Alte Blütenstände entfernt man von männlichen Pflanzen im Frühsommer. Skimmien wachsen als ebenmäßige Kuppeln, doch im Frühjahr kann ein Formschnitt erfolgen.

PFLEGE Mehr Aufmerksamkeit als ausreichende Nährstoffversorgung brauchen die Pflanzen nicht. Es ist eine Eigenheit, dass die Wuchskraft nachlässt, der kürzere Neuaustrieb hat hellgrüne Blätter. Das Auffüllen mit gedüngter Erde verhindert dies.

Ältere Pflanzen schneidet man im Frühjahr, um den Neuaustrieb anzuregen.

LORBEER-SCHNEEBALL

VIBURNUM TINUS

Die roten Blütenknospen entwickeln sich im Herbst, daraus öffnen sich weiße Blüten im Verlauf von Winter und Frühling. Die Sorten ähneln sich in Bezug auf Wuchs und Blüten.

CHARAKTER Nicht zuverlässig winterharter, immergrüner Strauch

HÖHE Bis zu 1,5 m im Topf

BREITE Bis zu 1 m im Topf

TOPFGRÖSSE Eine Pflanze pro 30-cm-Topf

JAHRESLAUF

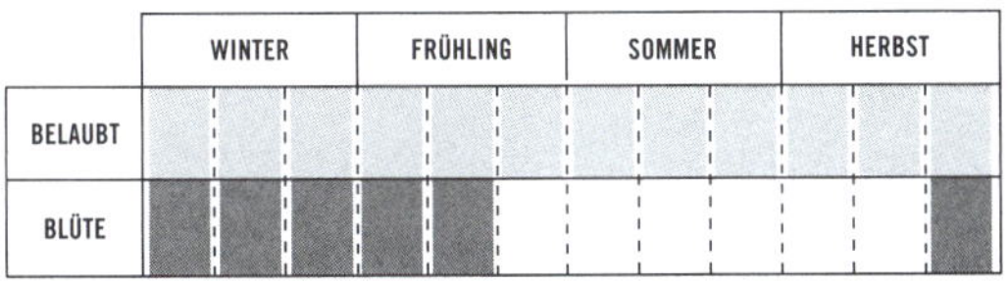

FARBE

BLÄTTER Intensiv grün

BLÜTEN Weiß oder rosa

Der Lorbeer-Schneeball dient das ganze Jahr über als Strukturbildner.

AUSWAHL

Der gut verfügbare Lorbeer-Schneeball erweist sich als überaus anpassungsfähiger Strauch, der in der Sonne wie im Halbschatten gedeiht. Man nutzt ihn häufig für den Formschnitt und beim Kauf sollten Sie auf kompakte Sorten achten. 'Eve Price' mit kleinen Blättern und rosa Knospen, die sich zu weißen Blüten öffnen, ist eine gute Wahl. Die größere 'Gwenllian' trägt Büschel rosa überzogener Blüten. Bei 'Lisarose' sind die Blüten rosa, dagegen blüht Spirit reich und ungewöhnlich lang. Bei 'Variegatum' sind die Blätter auffällig gelb gefleckt. Sie alle entwickeln im Herbst violette bis schwarze Früchte. (Siehe auch *Viburnum davidii,* S. 114)

GUTE PARTNER Die dunkelgrünen Blätter ergeben einen wirkungsvollen Hintergrund für hellere Blüten und Blätter. **GROSS** *Fatsia japonica, Ficus carica, Olea europaea* **MITTEL** *Choisya, Euonymus fortunei, Phormium* **KLEIN** *Hosta, Liriope muscari, Vinca major*

PFLANZEN

Die Pflanzen kann man das ganze Jahr über kaufen. Kleine Exemplare passen in Kästen oder sogar in Hängekörbe. An geschützten Stellen können sie darin den Winter über schmücken und man ersetzt sie dann im Frühjahr durch Saisonblumen.

'Gwenllian' bringt Massen blauvioletter Beeren im Frühling hervor.

KULTUR

Diese Art wird oft im Schatten verwendet, doch in der Sonne wächst sie kompakter und blüht reicher. Halten Sie die Erde immer feucht und düngen Sie vom Frühjahr bis zum Herbst einmal wöchentlich. Mit dem Wachstum wird der hochgewölbte Strauch breiter, was das Unterpflanzen erschwert. Die Fruchtbildung hängt vom Wetter während der Blüte ab. Die Blüten können Frostschäden erleiden, doch die Knospen überdauern und öffnen sich später bei günstigerer Witterung.

PFLEGE Das Wachstum hängt von den Wasser- und Nährstoffgaben ab. An schattigen Standorten werden die Pflanzen leicht langbeinig, doch dies lässt sich durch einen Schnitt im Frühjahr korrigieren. Bei Bedarf ist ein starker Rückschnitt möglich. Die Pflanzen werden zunächst sparsam blühen, doch ihr Aussehen gewinnt dabei.

Duft-Geranien sind farbenfrohe und aromatisch duftende Pflanzen, auf die man sich an sonnigen und exponierten Plätzen verlassen kann, sei es am Boden, auf dem Balkon oder auf dem Dach.

FÜR WARME PLÄTZE UND DÄCHER

Jeder erfreut sich an einer sonnigen Terrasse oder einem Dachgarten, wo man sich entspannen und ausruhen oder sich mit anderen treffen und unterhalten kann. Für Pflanzen aber können solche Standorte Stress bedeuten.

WACHSEN IN DER SONNE

Einigen Pflanzen bekommt die Sonnenwärme an einem Sommertag genauso gut wie uns Menschen – silbrig belaubte Pflanzen etwa besitzen einen eingebauten Sonnenschutz, weil ihre Blätter Licht reflektieren. Es kann aber eine Herausforderung bedeuten, die Pflanzen im Sommer immer feucht zu halten. Einige zähe Überlebenskünstler halten ein wenig Vernachlässigung jedoch aus. Glasierte Töpfe bewahren Feuchtigkeit besser als Tongefäße. Verwenden Sie ein tonhaltiges Substrat, das Wasser besser hält und sich nach dem Austrocknen wieder leichter benässen lässt. Große, mit Erde gefüllte Töpfe heizen sich nicht so schnell auf wie kleine Töpfe. Sie trocknen weniger schnell aus und der Wind wirft sie nicht so leicht um.

KLASSISCHE TOPFPFLANZEN

Viele begehrte Pflanzen gedeihen auf einer sonnenverwöhnten Terrasse. Wem gefällt es etwa nicht, wenn sich die riesigen kugeligen himmelblauen Blütenstände der Schmucklilien über dem riemenförmigen Blattwerk in einem großen Pflanzgefäß auftürmen? Am selben Ort gedeihen Palmen wie die Europäische Zwergpalme (*Chamaerops humilis*). Doch die idealen Gewächse für solche Standorte sind Geranien mit ihrer unübertroffenen Farbenvielfalt und Blühdauer. Sie wachsen und blühen sogar in kleinen Töpfen und noch bei einer Behandlung, die anderen Pflanzen den Garaus macht. Am bekanntesten sind leuchtend rot blühende Geranien, doch die überraschende Sortenvielfalt deckt Wünsche nach Pastelltönen ebenso ab wie nach einem kräftigen Farbauftritt.

DUFT IM GARTEN

Auf der Terrasse oder im Dachgarten kommen Sie den Pflanzen ganz nahe. Duft kann als ein weiteres Element dazu beitragen, diese Außenräume zu erleben. Viele Pflanzen, die unter heißen und windigen Bedingungen wachsen, haben aromatisches Laub. Der pflegeleichte Lavendel eignet sich für Terrassen und Duftgeranien bringen blumige bis zitronige Düfte. Nahe am Sitzplatz genießt man Duftpflanzen am besten.

SCHMUCKLILIE *AGAPANTHUS*

Wenige Pflanzen beeindrucken uns so sehr wie blühende Schmucklilien. Die herrlich runden Blütenstände in Blau stehen über riemenförmigen glänzenden Blättern. Im Garten ausgepflanzt blühen sie vielleicht nicht, doch im Topf an einem sonnigen Platz gedeihen sie gut und blühen reich.

CHARAKTER Nicht zuverlässig winterharte Staude, braucht Schutz unter –5 °C
HÖHE Bis zu 60 cm–1,2 m im Topf
BREITE Bis zu 45 cm–1 m
TOPFGRÖSSE Eine Pflanze pro 30-cm-Topf
☼

JAHRESLAUF

	WINTER			FRÜHLING			SOMMER			HERBST		
BELAUBT				■	■	■	■	■	■	■	■	■
BLÜTE								■	■	■		

FARBE

BLÄTTER Grün
BLÜTEN Blau, violett oder weiß

Zwergformen gedeihen in Fensterkästen an einem sonnigen Platz.

AUSWAHL

Sommergrüne Schmucklilien mit schmalen Blättern halten mehr Kälte aus als jene mit immergrünem, breitem Blattwerk. Die sommergrünen 'Black Pantha', 'Purple Cloud' und 'Northern Star' haben blaue Blüten. Die immergrünen, nicht winterharten Queen Mum und Twister blühen blau oder weiß.

Die charakteristischen Blüten halten lange und locken Insekten an.

GUTE PARTNER Dieser Inbegriff warmer Sommertage sieht ausgesprochen gut neben tropischen Blättern und Blüten aus, die an die Wärme und die Farben der Riviera erinnern.
GROSS *Canna, Nerium oleander, Olea europaea* **MITTEL** *Chamaerops, Euphorbia, Melianthus* **KLEIN** *Alstroemeria, Heliotropium arborescens, Pelargonium*

PFLANZEN

Schmucklilien kauft man im Frühling oder Sommer. Die Pflanzen vertragen Störungen des Wurzelwerks schlecht und sie brauchen mehrere Jahre, um aus nackten oder kleinen Teilstücken der fleischigen Wurzeln heranzuwachsen. Die langlebigen Pflanzen sollten Sie im ersten Frühling vor Spätfrost schützen. Man setzt sie in durchlässige Erde.

KULTUR

Schmucklilien brauchen einen sonnigen Platz und gedeihen nur an einem Standort, der Schutz vor starker Kälte bietet. Die Pflanzen halten Trockenheit aus, doch sie wachsen und blühen besser, wenn sie gut gedüngt und gewässert werden. Geben Sie von Spätfrühling bis Spätsommer einmal wöchentlich kali- und phosphorbetonten Dünger.

Wenn die Wurzeln den ursprünglichen Topf ausfüllen, wird umgetopft. Wartet man zu lange, können die Wurzeln die Pflanze aus dem Topf heben. Am meisten Blüten erscheinen, wenn die Wurzeln den Topf ausfüllen, doch die Blühwilligkeit lässt bei zu dichtem Stand nach.

PFLEGE Entfernen Sie Blütenstände gleich nach der Welke. Sommergrüne Formen erweisen sich oft als winterhart, doch sicherer ist es, sie den Winter über an einen geschützten Platz zu rücken, damit das Wurzelwerk nicht durchfriert. Immergrüne Schmucklilien überstehen den Winter in der Regel nur geschützt im Haus.

EUROPÄISCHE **ZWERGPALME**

CHAMAEROPS HUMILIS

Diese Pflanze gedeiht an einem sonnigen Platz und kommt auch mit Wind und Trockenheit zurecht. Sie wächst langsam, doch mit dem Alter erscheinen am Grund Seitentriebe, die einen Fächer aus zähen, gefältelten Blättern bilden.

CHARAKTER Nicht zuverlässig winterharte Pflanze
HÖHE Bis zu 1,2 m im Topf
BREITE Bis zu 1,2 m im Topf
TOPFGRÖSSE Eine Pflanze pro 30-cm-Topf
☼

JAHRESLAUF

	WINTER			FRÜHLING			SOMMER			HERBST		
BELAUBT	■	■	■	■	■	■	■	■	■	■	■	■
BLÜTE						■	■	■				

FARBE

BLÄTTER Graugrün, silbrig
BLÜTEN Cremefarben, klein, in großen Ständen

Durch die mediterrane Herkunft passen die Pflanzen perfekt in Tongefäße.

AUSWAHL

Die buschig wachsende, mittelgroße Art *Chamaerops humilis* ist die einzige europäische Palme und die einzige Art ihrer Gattung. Sie bringt unzählige schöne graugrüne Blätter mit stacheligen Stielen hervor. Die Sorte 'Vulcano' wächst kompakter und hat weniger Stacheln. *C. humilis* var. *cerifera* hat bläuliche Blätter und ebenfalls einen kompakten Wuchs. Diese Varietät braucht einen warmen Platz zum Gedeihen und verträgt keine Winternässe.

Ältere Pflanzen prägen markant die warme und sonnige Terrasse.

GUTE PARTNER Das spektakuläre Aussehen dieser Palme passt von Natur aus zu mediterranen Pflanzen und Gewächsen mit auffälligem Laub.
GROSS *Cordyline australis, Nerium, Olea europaea* **MITTEL** *Agapanthus, Euphorbia, Phormium* **KLEIN** *Correa, Osteospermum, Yucca*

PFLANZEN

Diese zähe Pflanze wächst langsam. Weil große Pflanzen recht kostspielig sind, werden sie meist jung in 20-cm-Töpfen gekauft. Man setzt sie in mineralische Erde in 30-cm-Töpfe und hält sie an einem sonnigen Platz. Am besten pflanzt man sie wegen des langsamen Wuchses allein in ein Pflanzgefäß.

KULTUR

Halten Sie die Erde im Frühling und Sommer feucht und geben Sie der Pflanze alle zwei Wochen Universaldünger. Im Winter sollte die Erde nur etwas Restfeuchte behalten. Die Töpfe sollten auf Topffüßen stehen, damit das Wasser gut ablaufen kann.

PFLEGE Für ein ordentliches Aussehen schneidet man alte oder braune Blätter ab. Nach ein paar Jahren wird ein Umsiedeln in einen größeren Topf nötig, aber pflanzen Sie sie nicht in zu große Töpfe. Am besten stellt man die Pflanzen den Winter über an einen geschützten Platz im Haus oder ins Gewächshaus.

MEXIKANISCHE ORANGENBLUME *CHOISYA TERNATA*

CHARAKTER Nicht ganz winterharter, immergrüner Strauch

HÖHE Bis zu 75 cm im Topf, je nach Sorte

BREITE Bis zu 75 cm im Topf, je nach Sorte

TOPFGRÖSSE Eine Pflanze pro 30-cm-Topf

Schon lange schätzt man Orangenblumen wegen ihres aromatischen, glänzenden Laubs und den duftenden Blüten. Sie kommen mit unterschiedlichen Bedingungen zurecht. Kleine Pflanzen sehen ebenso gut aus wie große Exemplare.

JAHRESLAUF

	WINTER			FRÜHLING			SOMMER			HERBST		
BELAUBT	■	■	■	■	■	■	■	■	■	■	■	■
BLÜTE						■	■	■	■			

FARBE

BLÄTTER Glänzend grün oder gelb

BLÜTEN Weiß

'Aztec Pearl' hat hübsch geteilte Blätter und duftende Blüten.

AUSWAHL

Das dichte, glänzende Blattwerk sieht das ganze Jahr über gut aus. Neuere Züchtungen haben die Bandbreite an Laubformen und Blüten ausgeweitet.

Bei der Art *Choisya ternata* handelt es sich um einen wüchsigen, buschigen Strauch. Beliebt ist die Sorte SUNDANCE wegen ihrer gelber Blätter. Dagegen stechen *C.* × *dewitteana* 'Aztec Pearl' und die gelblaubige 'Aztec Gold' durch ihr hübsch geteiltes Laub hervor. WHITE DAZZLER entwickelt eine Fülle an Blüten. Alle blühen im Frühling und Sommer (und oft im Spätsommer).

GUTE PARTNER Orangenblumen passen gut zu aufrecht wachsenden Pflanzen und zu markantem Laub.
GROSS *Canna*, *Juniperus scopulorum* 'Skyrocket', *Phyllostachys* **MITTEL** *Ensete ventricosum*, *Lilium*, *Phormium* **KLEIN** *Carex*, *Hosta*, *Yucca*

PFLANZEN

Das ganze Jahr über findet man Pflanzen im Angebot, entweder als kleine Exemplare für Kästen oder als große Sträucher. Kleine Pflanzen kann man zusammen mit anderen für einen winterlichen Schmuck pflanzen und dann im Frühjahr entfernen. Für eine dauerhafte Bepflanzung setzt man sie in Kübelpflanzenerde. Orangenblumen können im Halbschatten oder in der Sonne stehen (dort blühen sie besser).

SUNDANCE wird im Herbst oft als temporäre Füllpflanze in Ampeln gepflanzt.

KULTUR

Halten Sie die Erde immer feucht und düngen Sie von Spätfrühling bis Herbst einmal wöchentlich. Die Pflanzen wachsen schnell und werden besonders im Halbschatten langbeinig. Um einen kompakten Wuchs zu bewahren, zwickt man regelmäßig Triebspitzen aus. Für einen gleichmäßigen Wuchs dreht man den Topf. Nach dem Welken werden die Blütenstände zusammen mit einem Blattpaar entfernt, um den Neuaustrieb anzuregen.

PFLEGE Im Winter entstandene Frostschäden an weichen Triebspitzen schneidet man im Frühling zurück. Schneiden Sie aber nicht zu stark, sonst entfernen Sie die Blütenknospen. Ein starker Schnitt ist möglich, wenn es nur auf den Blattschmuck ankommt.

LAVENDEL *LAVANDULA*

Allgemein wird Lavendel wegen seines Dufts und den farbigen Blüten geliebt. Zur Blütezeit schwirren daran unzählige Bienen und Schmetterlinge. Die Sorten unterscheiden sich in Bezug auf Größe, Farbe und Duft. Die Blütenstände eignen sich für den Vasenschnitt und zum Trocknen.

CHARAKTER Meist winterharter, immergrüner Halbstrauch

HÖHE 30–45 cm im Topf

BREITE 30–45 cm im Topf

TOPFGRÖSSE Eine Pflanze pro 30-cm-Topf

☼

JAHRESLAUF

	WINTER			FRÜHLING			SOMMER			HERBST		
BELAUBT	■	■	■	■	■	■	■	■	■	■	■	■
BLÜTE							■	■	■			

FARBE

BLÄTTER Grau oder grün

BLÜTEN Lila, violett, weiß oder blau

Lavendel bereichert die Terrasse mit seinem Duft und Bienensummen.

Schopf-Lavendel hat dekorative Hochblätter. Er muss geschützt überwintern.

AUSWAHL

Mit den besten Duft liefern Sorten von *Lavandula angustifolia*. Sie haben graues Laub und ansehnliche Blüten. Beliebt sind die blaulila 'Hidcote' und die blassblaue 'Munstead', beide wachsen kompakt. Bei Abkömmlingen des Schopf-Lavendels (*L. stoechas*) krönen auffällige Hochblätter die Blütenstände. Schopf-Lavendel ist nicht winterhart, braucht besten Wasserabzug und die Blüten duften weniger fein als bei *L. angustifolia*.

GUTE PARTNER Das graue Laub passt gut zu anderen Sonne liebenden Sträuchern. **GROSS** *Chamaerops humilis*, *Juniperus scopulorum* 'Skyrocket', *Olea europaea* **MITTEL** *Correa* **KLEIN** *Festuca glauca*, *Nerine bowdenii*, *Verbena*

PFLANZEN

Lavendel hat seine Heimat an trockenen, steinigen Stellen, daher gedeiht er nicht in feuchter, humusreicher Erde. Man setzt ihn in mineralisches Substrat. Dies geschieht am besten im Frühling oder Frühsommer, damit die Pflanzen vor dem Winter eingewachsen sind.

Man kann Lavendel mit anderen Pflanzen zusammensetzen, aber diese dürfen ihn nicht bedrängen. Im Laubschatten stirbt Lavendel ab. Man kann verschiedene Lavendelsorten in einem Topf kultivieren. Schopf-Lavendel wird oft als einjährige Kultur behandelt und am Ende des Sommers verworfen.

KULTUR

Halten Sie die Erde nur leicht feucht und düngen Sie vom Frühling bis zum Spätsommer alle zwei Wochen. Schneiden Sie im Frühling und dann noch einmal nach der Blüte, um den Neuaustrieb anzuregen.

PFLEGE Der Echte Lavendel ist im Gegensatz zum Schopf-Lavendel winterhart. Die Pflanzen leiden aber unter nasskalter Witterung, daher sollten sie vor Niederschlägen geschützt am Haus stehen. Eine Vliesabdeckung schützt vor Fäulnis. Lavendel wird zweimal im Jahr leicht geschnitten. Ungeschnittene Pflanzen werden langbeinig und verlieren die unteren Blätter. Nach einem Schnitt ins alte Holz können die Pflanzen sogar absterben.

NERINE *NERINE BOWDENII*

Die spektakulären Zwiebelblumen bringen im Herbst letzte Farbkleckse, bevor der Winter kommt. Das Laub im Sommer bietet nicht viel, was aber die einmaligen Blüten mehr als wettmachen. Nerinen gedeihen gut in Töpfen und sehen jedes Jahr besser aus, wenn sie immer mehr zunehmen.

CHARAKTER Nicht zuverlässig winterharte Zwiebelblume, braucht Schutz unter −5 °C

HÖHE Bis zu 45 cm im Topf

BREITE Bis zu 10 cm im Topf

TOPFGRÖSSE Acht Zwiebeln pro 30-cm-Topf

JAHRESLAUF

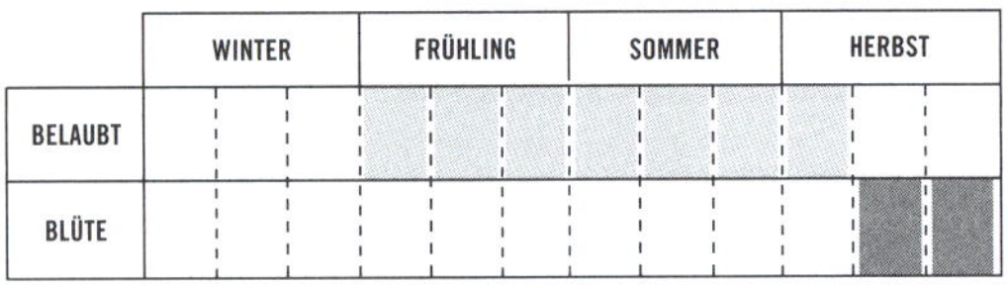

FARBE

BLÄTTER Grün

BLÜTEN Rosa, weiß

AUSWAHL

Nur die Art *Nerine bowdenii* lässt sich einigermaßen zuverlässig über den Winter bringen. Die Sorten unterscheiden sich leicht in der Färbung der lebhaften Blüten. Bei 'Lipstick' haben die weißen Blüten rosa Spitzen, 'Ostara' und 'Vesta K.' tragen blassrosa Blüten. 'Isabel' und 'Mr John' blühen in Pink.

Die strahlend rosa Blüten erstaunen mit ihrer Blüte im Spätherbst.

GUTE PARTNER Nerinen sehen fantastisch hinter Sonne liebenden Pflanzen oder einfach vor schönem Laub aus. **GROSS** *Cordyline australis, Nerium oleander, Olea europaea* **MITTEL** *Dahlia, Penstemon* **KLEIN** *Festuca glauca, Heliotropium arborescens, Heuchera*

PFLANZEN

Nerinen werden im Sommer und Herbst als eingetopfte Zwiebeln vermarktet, außerdem als trockene Zwiebel im Frühling. Man pflanzt sie in mineralische Erde mit 3 cm Abstand zwischen den Zwiebeln. Die obere Zwiebelhälfte steht über der Erde. Blüten erscheinen nur an eingewachsenen Pflanzen und bei eng stehenden Zwiebeln. Im ersten Herbst werden eingesetzte Zwiebeln nicht reich blühen, aber sie bilden Blattmasse im Sommer.

KULTUR

Halten Sie die Erde das ganze Jahr über feucht und düngen Sie im Frühling und Sommer flüssig, wenn die Pflanzen im Laub stehen. Abgestorbene Blätter schneidet man im Herbst zurück, damit die Blüten zur Geltung kommen. Die Blüten halten sich etwa einen Monat lang und nach der Welke schneidet man den ganzen Schaft ab. Die Pflanzen ruhen im Winter und müssen dann geschützt vor starkem Frost stehen. Die Töpfe können austrocknen, aber nicht für längere Zeit.

PFLEGE Wenn das Wurzelwerk den Topf ausfüllt, muss man in ein größeres Gefäß umsetzen. Am besten geschieht dies im Frühjahr. Man teilt den Ballen in drei Teile, zieht sie auseinander, damit sie neu eingetopft mehr Platz haben. Drücken sich nach ein paar Jahren eng stehende Zwiebeln aus dem Topf, wird geteilt und neu eingepflanzt.

Bei Bedarf kann man Nerinen nach ein paar Jahren im Frühling oder Sommer teilen.

OLEANDER *NERIUM OLEANDER*

Diese ungemein beliebten Kübelpflanzen blühen den ganzen Sommer hindurch bis zum Herbst. Die Blüten erscheinen in vielen verschiedenen Farben. Das dunkelgrüne Laub sieht ganzjährig gut aus. Oleander ist zwar nicht winterhart, aber er übersteht trockene, heiße Bedingungen auf Terrassen.

CHARAKTER Immergrüner Strauch, braucht Schutz unter 0 °C
HÖHE 1,5 m im Topf
BREITE 75 cm im Topf
TOPFGRÖSSE Eine Pflanze pro 30-cm-Topf

JAHRESLAUF

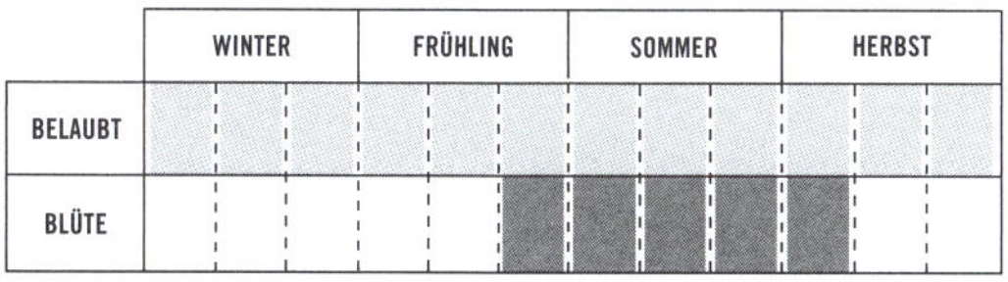

FARBE

BLÄTTER Dunkelgrün
BLÜTEN Rosa, rot, weiß oder blassgelb

Oleander blüht am besten an einem warmen, sonnigen Platz, etwa an der Mauer.

AUSWAHL

Oleander werden häufig nach Farbe und nicht mit Sortenname angeboten. Am häufigsten finden sich einfache Blüten in Rosa, doch im Sortiment finden sich auch weiße, pinkfarbene, lachsrosa und hellgelbe Auslesen. Gefüllt blühende Oleander besitzen größere Blüten, die sich bisweilen nur bei warmem Wetter ganz öffnen. Einige Typen haben blassgelb gestrichelte Blätter, doch sie blühen nicht sonderlich reich.

GUTE PARTNER Die markante Gestalt des Oleanders passt zu subtropischen Pflanzen und zu Sommerblumen. **GROSS** *Canna, Ficus carica, Musa basjoo* **MITTEL** *Agapanthus, Dahlia, Melianthus major* **KLEIN** *Osteospermum, Penstemon, Petunia*

PFLANZEN

Im Angebot finden sich kleine Pflanzen und auch kleine Hochstämmchen. Gewöhnlich werden sie im Frühling und Sommer angeboten, am besten zieht man sie als Solitäre in ihrem eigenen Topf. Man setzt sie in Kübelpflanzenerde und kann im ersten Jahr kleine Balkonpflanzen rundherum setzen. Wenn die Pflanzen älter werden, geht das meist nicht mehr, weil der Raum von Wurzeln durchzogen ist.

KULTUR

Die Pflanzen blühen nur an einem sonnigen Platz gut. Gießen Sie gut und düngen Sie von Spätfrühling bis Spätherbst wöchentlich. Oleander übersteht Trockenperioden, doch er wächst und blüht besser bei guter Nährstoffversorgung. Unter kühlen Bedingungen öffnen sich die Blüten womöglich nicht richtig. Die Blüte lässt sich fördern, wenn man die drei Seitentriebe unterhalb der Blütenstände entfernt.

Geschnitten wird im Frühjahr, doch tragen Sie dabei Handschuhe, weil der Pflanzensaft giftig ist.

Tragen Sie Handschuhe beim Umgang mit der giftigen Pflanze.

PFLEGE Nur an sehr milden Plätzen kann Oleander den Winter im Freien unter einer Vliesdecke überstehen. Möglich ist dies zum Beispiel in geschützten Innenhöfen. Im Winter sollte die Erde nahezu trocken sein, aber sie darf nicht für längere Zeit ganz austrocknen. Am besten stellt man die Pflanzen den Winter über an einen hellen Platz im Haus oder ungeheizten Gewächshaus.

GERANIE *PELARGONIUM*

Geranien gibt es in unterschiedlichen Größen, Farben und Formen, doch alle mögen Sonnenschein. Sie gehören zu den genügsamsten Pflanzen für Töpfe, weil sie Trockenperioden überdauern. Neben den gewöhnlichen hochroten Sorten ermöglichen zarte Blütenfarben edle Gestaltungen.

CHARAKTER Nicht winterharte Staude, braucht Schutz unter 5 °C

HÖHE 20–45 cm im Topf, manche bis 30 cm herabhängend

BREITE Bis zu 30 cm im Topf

TOPFGRÖSSE Ein bis drei Pflanzen pro 30-cm-Topf

JAHRESLAUF

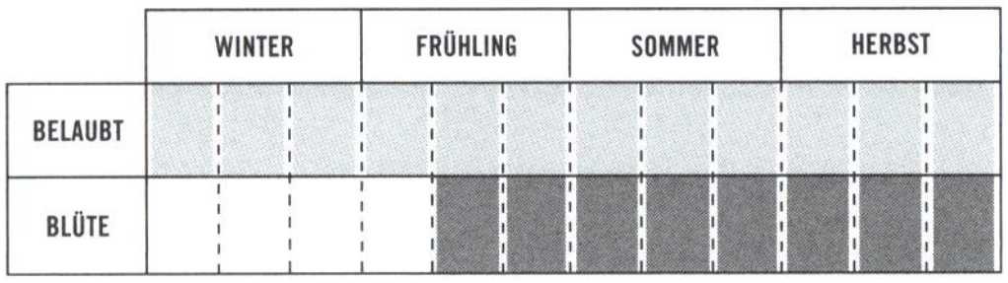

FARBE

BLÄTTER Grün, oft mit einer braunen Zone, manchmal gelbgrün oder panaschiert

BLÜTEN Weiß, rosa, rot oder lilarosa

AUSWAHL

Am bekanntesten sind die Zonale-Pelargonien. Die meist fünfblättrigen Blüten erscheinen in Büscheln und das Blatt hat eine rotbraune Zone. Üblicherweise werden sie aus Samen gezogen und man verwirft sie im Herbst. Die Züchtung konzentrierte sich auf einen buschigen Wuchs und eine reiche Blüte. Moderne, stecklingsvermehrte Hybriden halten sich besser. Zum großen Sortiment zählen Sorten mit kompaktem Wuchs und gefüllten Blüten. Zur breiten Farbpalette kommen zweifarbige Blüten hinzu. Viele der älteren Sorten weisen ein schön gemustertes Blatt auf, wodurch sie auch außerhalb der Blütezeit prächtig aussehen.

Rote Geranien sind geliebte Pflanzen mit viel Tradition für sonnige Plätze.

Die gleichfalls verbreiteten Efeublättrigen Pelargonien, auch Hänge-Geranien genannt, haben wachsartige Blätter und wachsen locker fallend. Sie eignen sich für Ampeln oder man lässt ihre Triebe über den Topfrand wachsen. Die Vermehrung geschieht über Stecklinge. Sorten mit gefüllten Blüten wachsen oft kompakt, für Fensterkästen bietet sich die kleinblütige, schlanke Balcon-Gruppe an.

Duft-Geranien dürfen in keinem Garten fehlen. Sie bieten eine Vielfalt an Wuchsformen, attraktive Blätter und meist kleine Blüten. Die unterschiedlichen Aromen beinhalten Noten von Rose, Zitrone, Muskat oder Apfel. Die meisten sind in der Kultur nicht sonderlich anspruchsvoll.

Zur 'Unique'-Gruppe gehören Pelargonien mit duftenden Blättern und großen Blüten, doch die auffälligsten und größten Blüten bringen Edel-Geranien hervor. Sie brauchen aber einen windgeschützten Platz und haben eine ziemlich kurze Blütezeit.

GUTE PARTNER

Geranien sind tolle Kombinationspartner für andere Sommerblumen. Die grandiose Farbpalette erlaubt viele kreative Zusammenstellungen, Duft-Geranien und Hängeformen eröffnen noch mehr Möglichkeiten.

GROSS *Cordyline australis, Laurus nobilis, Olea europaea* **MITTEL** *Alstroemeria, Hemerocallis, Penstemon* **KLEIN** *Calibrachoa, Dianthus, Heliotropium arborescens*

Die blauvioletten Blüten von BLUE SYBIL wirken überall aufmunternd.

PFLANZEN

Geranien pflanzt man im Vollfrühling, wenn die Spätfrostgefahr vorbei ist. Fast blühfertige junge Pflanzen erhält man üblicherweise im Topf. Wenn die Pflanzen zu eng stehen und das Laub nass ist, tritt häufig Grauschimmel daran auf. Er breitet sich dann rasch über das Blattwerk aus. Prüfen Sie daher beim Einkauf die Pflanzen, die dicht gepackt verkauft werden.

Bei einer Kultur für einen Sommer oder in Kombination mit anderen Pflanzen verwenden Sie gewöhnliche Pflanzerde, wobei die Pflanzen Platz brauchen zum Wachsen. Ein Abstand von mindestens 10 cm muss bleiben.

Wenn Sie Geranien länger als nur ein Jahr ziehen wollen oder wenn mehrere im selben Topf stehen, verwenden Sie Kübelpflanzenerde, die den Ansprüchen besser gerecht wird.

Duft-Geranien riechen unterschiedlich, manche wehren Insekten ab.

Edel-Geranien haben große Blüten, die bei Regen leiden können. Sie eignen sich bestens für Fensterkästen und geschützte Innenhöfe.

KULTUR

Halten Sie die Erde feucht, aber nicht nass. Geben Sie nicht zu viel Mehrnährstoffdünger, denn daraus resultiert kräftiger Wuchs zu Lasten der Blüten. Kali- und phosphorbetonter Dünger wie Tomatendünger fördert die Bildung von Blüten und Früchten und hilft den Pflanzen, farbiges Laub auszubilden. Falls die Pflanzen zu hoch wachsen und sich nicht gut verzweigen, zwicken Sie die Triebspitzen aus. Bei buschigen neuen Sorten brauchen Sie das nicht zu tun.

Welke Blüten sollten Sie bald entfernen, denn auf Blätter herabfallende Blütenblätter können zu faulen beginnen. Gefüllte Blüten neigen bei feuchter Witterung ebenfalls zum Faulen, man muss sie rechtzeitig entfernen. Zwar setzen nicht alle Formen Samen an, doch wenn, empfiehlt es sich, den Samenstand an der Basis abzubrechen.

PFLEGE Geranien überleben unsere Winter nicht im Freien. Sie können sie vor dem ersten Frost aus dem Topf nehmen und trocknen lassen. Packen Sie die Pflanzen in eine offene Pappschachtel, damit die Luft zirkulieren kann, und stellen Sie den Karton an einen hellen, frostfreien Platz. Die Pflanzen verlieren das Laub, man schneidet sie im Frühjahr zurück und topft die Überlebenden neu ein.

Geranien im Topf überwintern erfolgreicher, am besten an einem hellen und kühlen, aber frostfreien Ort. Die Töpfe hält man recht trocken. Obwohl viele Blätter abfallen, überdauern die Pflanzen. Sie können im Herbst auch Stecklinge schneiden, die leicht bewurzeln und am Fenster in einem kühlen Raum überwintern.

Überwinterte Pflanzen topfen Sie im Frühjahr neu ein.

HAUSWURZ *SEMPERVIVUM*

Diese winterharten Sukkulenten überleben bei minimaler Pflege, man sieht sie oft auf Mauern und auf den Dächern alter Häuser. Die Rosetten zeigen eine große Vielfalt an Größen und Farben in überraschender Farbvielfalt. Ältere Rosetten bilden stämmige Blütenstände in Rosa oder Rot.

CHARAKTER Winterharte, immergrüne Staude

HÖHE 5–20 cm, wenn in Blüte

BREITE 30 cm im Topf

TOPFGRÖSSE Drei bis fünf Pflanzen pro 30-cm-Topf

JAHRESLAUF

	WINTER			FRÜHLING			SOMMER			HERBST		
BELAUBT	■	■	■	■	■	■	■	■	■	■	■	■
BLÜTE							■	■	■			

FARBE

BLÄTTER Grün, rot, orange, bronzefarben

BLÜTEN Rosa oder rot

AUSWAHL

Die Hauswurz hält ein Maß an Vernachlässigung aus, das für viele andere Pflanzen das Aus bedeuten würde. Bei den meisten handelt es sich um Auslesen oder Hybriden von *Sempervivum tectorum*. Die Rosetten haben im ausgewachsenen Stadium einen Durchmesser von etwa 8 cm, die Blatter sind grun mit roten Spitzen oder roter Basis. Die schönste Färbung entwickelt sich in der Sonne und bei ziemlich trockener Kultur. *S. arachnoideum* hat kleine, rot überzogene Rosetten, die von einem weißen Haarnetz wie mit Spinnweben überzogen sind.

Reife Rosetten bilden im Sommer zauberhafte Blütenstände.

GUTE PARTNER Hauswurz macht sich gut im Vordergrund vor anderen Sonnenanbetern. **GROSS** *Cordyline australis, Nerium oleander, Olea europaea* **MITTEL** *Aeonium arboreum, Correa, Erysimum* **KLEIN** *Dianthus, Festuca glauca, Nerine bowdenii*

PFLANZEN

Weil sie großzügig Ableger bildet, pflanzt man Hauswurz am besten als junge Pflanzen. Wenn Sie einen Topf voll Rosetten erwerben, können Sie sie vereinzeln und in 5 cm Abstand setzen. Die Wurzeln gehen nicht tief, daher eignen sich flache Schalen oder Tröge. Falls Sie hohe Pflanzgefäße verwenden, füllen Sie die untere Hälfte mit Splitt, damit die Erde darüber nie nass ist.

Weil sie Trockenheit vertragen, eignen sich Hauswurz für Wandelemente.

KULTUR

Halten Sie die Erde leicht feucht und düngen Sie im Sommer einmal im Monat. Ältere Rosetten bilden blühende Stängel und sterben nach der Blüte ab. Ziehen Sie die ganze Rosette heraus, die umliegenden jungen Rosetten füllen die Lücke schnell. Die winterharten Pflanzen brauchen im Winter keinen besonderen Schutz, aber schlechter Wasserabzug schädigt die Wurzeln.

PFLEGE Unregelmäßige Wassergaben hält die Hauswurz aus, dies kann sogar die Färbung der Rosetten verstärken. Der bedeutendste Schädling ist der Dickmaulrüssler, dessen Larven (S. 36) an den Wurzeln fressen, sodass die Rosetten aus der Erde kippen. Frisch gesetzte Pflanzen muss man vielleicht vor Vögeln schützen, die auf der Suche nach Larven die Rosetten womöglich herausscharren.

PALMLILIE *YUCCA*

Die aufregenden Pflanzen mit ihren steifen dornigen Blättern gedeihen an warmen, sonnigen Plätzen. Ältere Gewächse halten gewisse Trockenperioden aus. Große Pflanzen entwickeln im Sommer hohe Blütenstände mit cremefarbenen, glockenförmigen Blüten.

CHARAKTER Winterharte, immergrüne Staude oder Strauch

HÖHE 40 cm–2 m im Topf, höher wenn in Blüte

BREITE 40 cm–1 m im Topf

TOPFGRÖSSE Eine Pflanze pro 30-cm-Topf

JAHRESLAUF

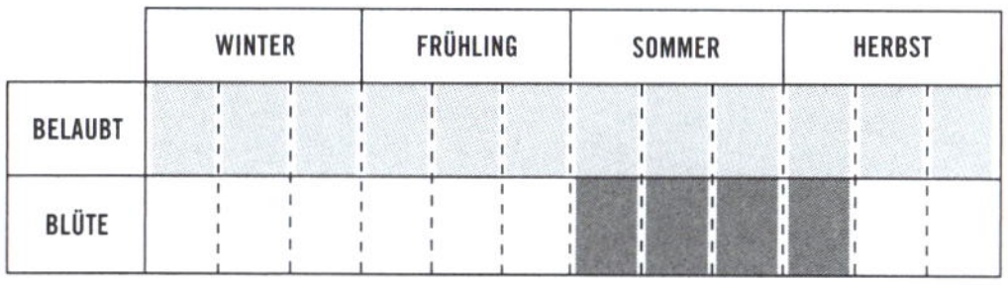

FARBE

BLÄTTER Blaugrau, oft zweifarbig

BLÜTEN Cremefarben

'Bright Edge' ist ideal für Töpfe. Die buntlaubige Sorte wächst kompakt.

AUSWAHL

Die Blätter bereichern jede Pflanzengruppe um ein spannendes Element und die Blüten sind eine wunderschöne Zugabe. Die beiden winterharten Arten *Yucca filamentosa* und *Y. flaccida* wachsen langsam und entwickeln bis zu 1 m hohe Blütenstände. Durch ihre Ausläufer bilden sie lockere Blatthorste.

Bei *Y. filamentosa* 'Bright Edge' haben die Blätter einen blassgelben Rand, bei 'Golden Sword' haben die Blätter eine gelbe Mitte. *Y. gloriosa* hat dicke Stämme und dicke Blätter, sie wächst viel höher. Wegen der harten Blattspitzen muss man sich vor Verletzungen hüten.

GUTE PARTNER Palmlilien wirken immer ansprechend, doch sie passen besonders gut zu großen, exotischen Pflanzen. **GROSS** *Canna, Cordyline australis, Pseudopanax lessonii* **MITTEL** *Aeonium arboreum, Melianthus major, Phormium* **KLEIN** *Dianthus, Festuca glauca, Osteospermum*

PFLANZEN

Oft werden große Pflanzen angeboten, die man am besten im Frühling oder Sommer pflanzt, damit sie bis zum Winter gut eingewachsen sind.

Hohe Töpfe empfehlen sich für *Y. gloriosa*, die im Alter kopflastig werden kann. Gern wird die Topfoberfläche mit Feinkies abgestreut, doch dann wird es schwer zu erkennen, ob die Erde noch feucht genug ist.

Yucca gloriosa wächst zu einer imposanten Staude mit tollen Blütenständen heran.

KULTUR

Palmlilien wachsen langsam, aber sie können sehr alt werden. Am meisten macht ihnen nasse Erde im Winter zu schaffen. Halten Sie die Erde im Sommer feucht und düngen Sie im Sommer und Herbst alle zwei Wochen. Alle zwei, drei Jahre muss man umtopfen. Langsamer Wuchs oder kleine Blätter deuten auf Nährstoffmangel hin.

PFLEGE Schäden können bei gefrierendem Substrat entstehen. Ein Kälteschutz für den Topf (S. 33) schafft Abhilfe. Nach der Blüte sterben die Rosetten kleinerer Palmlilien langsam ab. Man schneidet sie unten an der Basis ab.

REGISTER

Fette Ziffern verweisen auf Haupteinträge.

Autor Geoff Stebbings

DANK

Der Verlag dankt Oreolu Grillo und Sophie State für die Entwicklung des Reihenkonzepts, Margaret McCormack danken wir für das Register.

BILDNACHWEIS

Der Verlag dankt folgenden Personen und Institutionen für ihre freundliche Genehmigung zum Abdruck der Fotografien:

(o = oben, u = unten, m = Mitte, l = links, r = rechts)

Alamy Stock Photo: Plantography 2m, PURPLE MARBLES GARDEN 8ml, Avalon/Photoshot License 8ur, tom viggars 10u, BIOSPHOTO 11u, Avalon/Photoshot License 13om, Debu55y 17ur, Ros Crosland 22ur, Zena Elea 28or, Deborah Vernon 29mr, Parinya Yodchompoo 36or, Premaphotos 36ul, Rex May 37um, Nigel Cattlin 37ur, 38m, Rodger Tamblyn 44ul, blickwinkel 45mr, Jonathan ORourke 49mr, blickwinkel 50ul, Fotografiecor.nl 50or, RF Company 51ul, 52m, Jinny Goodman 54ul, Nigel Cattlin 55m, Avalon/Photoshot License 55ur, blickwinkel 56ml, Bob Gibbons 59ml, Anne Gilbert 60or, PURPLE MARBLES GARDEN 61or, Barrie Sheerman 62ul, David Bratley 64m, John Glover 66or, MusicMan5Photos 67ml, Dimitris Dimitris 67ur, FlowerStock 68u, Robert Smith 68u, David Grimwade 69m, WILDLIFE GmbH 71or, FLPA 72ur, Aliaksandr Baiduk 73or, blickwinkel 74ul, GardenPhotos.com 76m, John Richmond 78or, Zoonar GmbH 83ur, Dorling Kindersley ltd 85mr, Exotic and Botanical - Chris Ridley 86ur, Julian Nieman 87m, Gary K Smith 87ur, Selfwood 89ml, Plantography 90m, RM Floral 92ul, Ian Grainger 92or, mauritius images GmbH 93ml, GKSFlorapics 94ul, Botany vision 98ul, Malcolm Haines 100or, Matt Perrin/Stockimo 101or, Tim Gainey 104m, John Richmond 106ul, Anne Gilbert 106ur, F-Stop boy 108ul, Panther Media GmbH 108ur, Anna Anisimova 111ul, Martin Hughes-Jones 114or, RM Floral 118ur, Steffen Hauser/botanikfoto 119ml, NorthernExposure 119ur, Elizabeth Leyden 123or, Elizabeth Whiting & Associates 124ul, Peter Turner 125or, Holmes Garden Photos 127or, Jane Tregelles 132ml.

Dorling Kindersley: Brian North 8or.

GAP Photos: Nicola Stocken 9m, Andrea Jones 15o, Abigail Rex 23ur, Nova Photo Graphik 49ml, Ron Evans 60ul, Nova Photo Graphik 71ul, Visions 75ml, Richard Bloom 81ml, Lee Avison 88ur, Friedrich Strauss 95or, Jonathan Buckley 102ur, Nicola Stocken 107or, Friedrich Strauss 115mr, Friedrich Strauss 127ml, Friedrich Strauss 131ul, Jonathan Buckley TBC 133ml, Jerry Harpur - Design Geoffrey Whiten 133or, Friedrich Strauss 135mr, Nova Photo Graphik 139ml.

Geoff Stebbings: 40or, 58ul, 70or, 93ur, 99or.

Getty Images: fotografixx 16u, ermingut 47ml, steve wanstall 48ul, hph-imagelibrary 66ul, AKIsPalette 73ul, Frank Sommariva 79or, peplow 85ml, aansuu 95ml, lovelypeace 97ml, Michel VIARD 103or, Yippa 110ml, P_PHOTO 112ul, berkay 113ml.

Huw Richards: 24ul.

Cover: vorn: GAP Photos: Juliette Wade

Zeichnungen: Cobalt id.

Alle anderen Abbildungen © Dorling Kindersley

DK | Penguin Random House

Produced for DK by COBALT ID
www.cobaltid.co.uk

Lektorat Marek Walisiewicz
Gestaltung und Bildredaktion Paul Reid, Roger Walton

DK London
Lektorat Mary-Clare Jerram, Katie Cowan, Ruth O'Rourke, Amy Slack
Gestaltung und Bildredaktion Maxine Pedliham, Christine Keilty
Umschlaggestaltung Nicola Powling, Lucy Philpott
Herstellung David Almond, Stephanie McConnell

Für die deutsche Ausgabe:
Programmleitung Monika Schlitzer
Redaktionsleitung Dr. Kerstin Schlieker
Projektbetreuung Manuela Stern
Herstellungsleitung Dorothee Whittaker
Herstellungskoordination Bianca Isack
Herstellung Sophie Schiela
Covergestaltung Sophie Schiela

Titel der englischen Originalausgabe:
Grow. Containers

Übersetzung Agnes Pahler
Lektorat Corina Steffl

ISBN 978-3-8310-4393-4

Druck und Bindung TBB, a.s., Slowakei

FSC www.fsc.org MIX Papier aus verantwortungsvollen Quellen FSC® C018179

www.dk-verlag.de